出版のための
テキスト
実践技法

［執筆篇］

どれほど精緻に作り上げた原稿でも、
残念ながらそのまま版下にできるものはまず絶対的にないと断言できる。
高度な原稿処理に無駄なエネルギーを費やすことには意味がないのである。

西谷能英

未來社

出版のためのテキスト実践技法／執筆篇［目次］

装幀——戸田ツトム

出版のための
テキスト実践技法●執筆篇

はじめに――出版のためのテキスト実践技法

未來社という専門書を中心とした小出版社で編集の仕事を手がけてきて25年ほどになる。この間、いろいろな書き手の仕事にかかわってきて、さまざまな原稿の書きかたがあるのを見てきた。最近はワープロ専用機さらにはパソコンのワープロ・ソフトによる原稿入稿が標準になり、編集上は便利になった反面、これまで予想もしなかった問題点やあらたな可能性があらわれてきたことも、本作りのうえでさまざまな新しい状況を生み出している。誰もがものを書くということをそれほど特別なことと思わなくなり、気軽に出版のことを考える風潮さえあらわれてきているぐらいである。わたしはこのことを無条件にではないが、とりあえず歓迎すべきことと考える者のひとりである。

しかしながら最近とみに喧伝されている活字文化の危機、そして出版文化の存立基盤そのものの危機が一方ではますます深刻になりつつある現在、文字による表現の可能性――出版物をとおして人間の思考が記録され、それを読む者がさらにあらたな思考を生み出すという活字のもつ本来の創造性――は、にもかかわらず、いぜんとして健在である。たしかにインターネット上での電子的なコミュニケーション・ネットワークの存在はもはやゆるがしえないものになっているとはいえ、ある種の出版物にかんしては、今後も紙媒体に印刷された書物という形態が存在理由を保ちつづけるだろうという確信はまだまだ十分にある。

ところで、21世紀において出版という事業はいったいどうなるのだろうか。インターネットによる情報の流通がこれほどまでに進んできているいま、またさまざまな記録媒体（ハードディスク、CD-ROMやCD-R、MO、Zipなど）の活用が可能になったいま、紙に印刷する書物という形態はどこまで残るのだろう。現在の書籍や雑誌の流通をささえている仕組みは生き残れるのだろうか。こうした疑問をいくつも同時にかかえたまま、出版や書物、学問や芸術にかかわるものは、おおきく変貌しようとするコンピュータを中心としたテクノロジーの問題を無視することはできなくなった。

本書は、こうした予測のつきにくい一般状況にもかかわらず、出版という事業形態、書物というデータ保存の形式がとりあえずは必要でありつづけ残りつづけるだろうという観点から、書籍出版のあたらしいありかたについて技法論的考察をくわえ、具体的な方法を提示しようとするものである。その基本的な観点は、いまやコンピュータはその使い方しだいでは書籍出版にとってきわめて有効な武器になるのではないかというものである。しかも著者の原稿執筆から編集者の編集技術処理にいたるまでの印刷所入稿以前の作業においてこそ、こうしたコンピュータ技法が有効になると主張したいのである。

本書は、出版にとってコンピュータの使用がいかに有用であるかをわかりやすく説明するとともに、とりわけ専門書出版にかかわろうと心がけるすべての著者、編集者、そして印刷所の現場でその原稿や文字データと実際にかかわりをもっているオペレーターの方々にむけて書かれている。そればかりではなく、これからコンピュータを使ってものを書いたり、編集したりする仕事にかかわっていこうとする若いひとたちが、いかにすれば出版にとってのコンピュータの利点を有効に、無駄な労力をかけることなく、引き出すことができるかという点についても本書は説明している。著者はどうすればみずからの本を世に送り出すことができるか、そのためにはどうするのがもっとも適切であるか、また編集者は編集したい本を実現するためにはどういう手法をもちいれば可能になりやすくなり、従来の編集技法をより高度なレベルで生かせるようになるか、これらの諸問題について具体的に説明し、理解してもらおうという視点で本書は書かれているのである。(ただし、本書では著者の原稿執筆における技法が中心となり、この[出版のためのテキスト実践技法]論のキモである編集篇は本書の続篇となることをあらかじめ了解されたい。)

本書では、とりわけ文字データのテキストファイル化の技法と、それを使いこなすためのツールとしてのテキストエディタの技法が中心主題となる。これを著者も編集者も使いこなすことによって専門書の刊行への道が大きくひらけてくるはずだからである。出版のためのテキスト処理の技法が、本の内容の精密化のうえでも、採算ベースに乗りやすくするうえでも役立つならば、これまで経済的理由から企画として成立することさえできなかったすぐれた仕事が実現されやすくなり、そのことによって文化へのあらたな貢献につながるだろう。経済不況に裏打ちされた企画の貧困、それをわたしは「文化不況」と名づけているが、そうした不況を打ち破る可能性をもったこのテキスト処理の技法は出版界にひとつの革命をもたらすはずである。本書を緊急出版しようとする意図もそこにある。

第１章　なんのためのテキスト実践か

1-1　出版をとりまく一般的状況

いまやコンピュータはわれわれ現代人の生活にとってなくてはならないものになった。日常生活において意識しようとしまいと、またコンピュータをみずから操作するしないにかかわらず、われわれの生活はコンピュータによって動かされ、管理されたさまざまなシステムによってささえられている。われわれが乗る飛行機や電車や自動車はもちろん、われわれが日常的に出入りしている銀行や商店、そこで支払いに使っているさまざまなカード類にまでコンピュータは作動しているのである。

そうしたなかで最近はほとんどの物書き、研究者、編集者、各種の専門家などはパソコンを常時使用して自分の仕事に役立てるようになってきている。すくなくともワープロぐらいは使って原稿を書いたり、データを整理したりしているひとが圧倒的に多くなってきた。手書き原稿はほんとうに少なくなり、出版用原稿の受け渡しにしても、最近はフロッピーディスク等を介して電子データとして入稿してくるのがあたりまえになってきた。急ぐときなどは電子メールによる入稿などもいまや珍しくなくなってきた。電子データがそのまま使えるということがどれほど効率的かつ正確であるかということが認識されるにつれて、すでにファックスなどさえも時代遅れの感を呈しつつある。とりわけ翻訳本など、わりあい一気に原稿化されることが多く、しかもワープロなどを使うほうが能率がいいとされているような仕事の場合、ほとんど電子データ化されて入稿する。単行本でも書き下ろしのようなものはもちろん同じ理由が成り立つ。またそれ以外の場合でも、もともと著者の原稿がワープロなどで入力されているケースが多くなったので、なるべくファイルを集めてもらってフロッピーで入稿してもらうようになった。

いうまでもないことだが、著者による電子データがあるほうが出版にとっては圧倒的に有利である。原稿は誤字や勘違いもふくめて著者のものだから、著者の入力したものがひとまずはもっとも正確に著者の意向を反映しているはずである。欧文の入力などを例に挙げればとくにわかりやすいが、第三者が機械的に入力したものにくらべるまでもなく、なによりも信頼性が高い。

しかし当然のことながら、著者の原稿がすべてそのまま本になるわけではない。原稿の内容的なチェック（配列、取捨選択、表記の統一などをふくむ）は、これまでの本作りと同様、著者と編集者のあいだでいろいろな角度から徹底的になされるべきだ。それはともかく著者の原稿自体がすでに従来の方法の初校ゲラに匹敵するわけだから、製作にかかわるスピードも、したがってコストもそれだけ速く安くすむことになる。第三者が入力したものをゲラで見てから、あちこち修正が大量に入るようなやりかたをしていては、時間もかかるしコストもかかる。こうしたやりかたがこれまでの、とりわけ専門書の製作方法だったのだから、売れない専門書にさらに余分なコストをかけて出版されてきたことになる。これではこうした余分なコストをさらに定価に上乗せするかたちをとらざるをえないから、ますます売りにくくなるのは誰の目にも明らかであろう。

そうしたこれまで平気でかかえてきた矛盾をここらで一気に解消する方法として浮かび上がってきたのが、これからいろいろ説明するテキスト処理の技法なのである。

そのまえにひとつ見逃してならないのは、印刷所の問題である。電子データ入稿の一般化もあってか、印刷所の仕事が昔とはずいぶん変わってきた。これまではできるだけ原稿組版をふくむトータルな仕事を望む印刷所が多かったが、最近はDTP（Desk Top Publishing）の普及などもあって、最後の仕上げと印刷を引き受けるだけでもいいとする印刷所が増えてきた。つまり最初の入力作業から校正を経て製版・刷版・印刷といった一連の業務を一括で引き受けなくてもよいということである。また印刷所の編集機も非常に高度なものになってきたので、出版社や著者の面倒な要求にも応えられるようになってきた。要するに印刷所と出版社が棲み分けをできるようになってきたのである。出版社（編集者）がパソコン・レベルで手がけたほうが効率のいい部分は、印刷所の仕事から編集サイドに移したほうがはるかに具合がいいということである。出版社のなかには、出版社（編集者）がなにも印刷所の仕事まで手を出す必要はないなどと言いたがる古いタイプのひとがいるが、いまや従来の仕事の流れが一般的ではなくなったことを認識すべきときなのである。

わたしが言いたいのは、こうしたことはわたしの主張の前提にすぎないということである。問題はしたがって、印刷所に入稿するまえに著者の電子データを出版のためのデータとしていかに効率よく処理できるか、ということに尽きるのである。

1-2　書物はすぐれたハードウェアである

ところで、今日のようなインターネット時代に書物という古い形態はそもそもいかなる意味をもちうるのか。紙媒体での出版を前提にしている以上、出版のためのテキスト実践技法について議論をはじめるまえに、この意味を再確認しておくことはぜひとも必要であろう。

書物という形態は、さまざまな印刷物の形式としてはもっとも完成された形態であり、これまでのところ出版物における最終形態とも目されてきた。なにはともあれ、そうした書物に共通する特質をとりあえず三点だけ挙げておこう。

第一点は、書物は携帯性にすぐれたハードウェアであるということである。特殊なものを除けば、書物の重量は300グラムから7-800グラムといったところであろう。最近のノートパソコンがいくら軽量化したといっても書物よりはまだ重いうえに、電源だとかケーブルなどが必要であったり、バッテリーの耐久時間に制限があるなど、単純に目で読むことのできる書物にくらべると携帯性に差があることは歴然としている。手っとりばやく書き込みも線引きもできない。

第二点は、書物という形態そのものがもたらすある物質性がさまざまな記憶を呼び起こすことである。活字の書体とかサイズ、またページのレイアウト、さらには装幀などといった書物の形式的な物質性が、読者にとってその書物の読書体験の固有性と一体となってある種のアウラを与えるということはけっして偶然的な事態ではない。

第三点は、書物は何度でも読み直しができるし、どこからでも自由自在に読み直しができるという反復性に富んでいることである。ページを繰りながら気になるところにジャンプすることができるという逸脱性を可能にしていることである。もちろん必要な部分を検索して、すぐにそこにジャンプすることはむしろパソコンのほうが優位であることは言うまでもないが、それ以外のところでは読む人間の頭脳のスピードと変換能力のほうが優るのである。書物を読みながらネットサーフィンをするようにある主題から別の主題へページを移動するのは読者の特権であるし、そこにこそ読書の楽しみも発見も存在するのである。

大部の辞書や百科事典の類いは別にして、また一度読んでしまい眺めてしまえば再読する必要のなくなるようなものも別にして、読者にとってどうしても書物の形態をとらなければならない種類の書物が存在することは疑えない。それらは人文・社会科学の専門書であったり、特殊な実用書であったり豪華な趣味の本であったりするだろう。

こんなことをあらためて考えてみると、書物とは情報処理の可能性にきわめて富んだハードウェアであると言っていいだろう。もちろんこの場合、人間の目と頭脳とはそうした情報のインプットと処理を可能にするソフトウェアであるということになる。このソフトウェアの性能にしばしば大きな差異があるというのはここでの問題ではない。

したがってここで考えるべきことは、書物として残るべきものは何であり、またどうすれば有効に残りうるのかを考えることである。同時に著者および編集者、さらには印刷所の現場のひとたちまで含めて、原稿段階から編集段階をへて書物にいたりつくまでにどのような協力＝連携関係を築いていくのかを、これまでの経験をいかしつつ、昨今の新たな状況認識のなかで再検討してみることである。

1-3　出版は著者と編集者のコラボレーション

すぐれた書物は専門的知識をもつ著者の力量によるところが大きいことは言うまでもない。著者はその道の研究者あるいは専門家として独自の見解なり視点やあたらしい思想を開示しうる可能性をもつから書物を著すのであって、その必然性のないところに書物は生まれない。

しかし、そこにはかならず同時に、すぐれた編集者が介在するはずだとわたしはつねづね思っている。すくなくともできあがった原稿を最終的に書物に仕立て上げるうえでのさまざまな専門技術とアイディアは編集者の領分の仕事だし、ときにはまだイメージさえできていない段階から執筆段階、仕上げ段階にある原稿の内容、構成、配列、さらには細かい表記の統一、読みやすさへの工夫など、編集者が出版の専門家としての立場から著者へのアドバイスやら注文をおこなうことは珍しくない。とくに著作物をまだあまり出していない若い著者などの場合、えてしてとんでもない錯覚をしているケースが多いのでなおさらである。

専門的研究者といえども、日ごろ研究対象にしていて内容のすみずみまで熟読玩味しているはずの書物でも、その書物自体についての理解はおどろくほどできていないということがしばしばある。たとえば本の活字の大きさが何ポイントであるかとか、１ページにどのくらいの文字が詰まっているものかなど、当然見えているはずのものが意外と見落とされているのである。ベテラン編集者ならば、中身を読むまえにレイアウトの斬新さだとか刊行部数のおよその見当だとかいったことに気がまわってしまうことさえあるのに、自分のいま読んでいる本の判型がA5判か四六判かにさえ無頓着な著者がいるということはさほど驚くことではない。

著者がみずからの狭い専門の世界に閉じこもりがちなのにくらべて、編集者はみずからの仕事経験をいかしてその著者の書物へのかかわりかたを調整できる位置にいるということを積極的に活用するべきなのである。原稿の書き方からはじまって、著者自身が気づいていない書きぐせや好みまで見えてくる。編集者はそうした発見を著者に適切に伝えることをつうじて、著者をより自覚的な専門家に押し上げるようにつとめるべきである。編集者は出版の専門家であるとともに、その著者の専門家にもなりうるのである。編集者が著者にたいして協力し、連携する関係とはこの意味においてであって、編集者が著者に貢献するということがありうるとすれば、著者のすぐれた資質や可能性をプラスの方向に導くことをおいてはないはずである。編集者は著者に言うべきことは直言できなければならず、著者もそうした編集者の意見には耳を傾けるべきである。そうしたことが相互信頼のもとにおこなわれる関係こそ、著者と編集者の理想的な関係であり、その関係と連繋のなかからすぐれた書物が生まれるのである。これが、すぐれた書物は著者と編集者のコラボレーションの産物なのだとわたしが言いたい理由なのである。

1-4　テキスト処理の技法は著者と編集者にとって意識革命である

それでは、なぜテキスト処理という技法が必要なのか。くわしくはあとの章にゆずるが、ここではもっとも基本的な問題点だけを指摘しておこう。

まず、デジタルデータが出版物になるためには、印刷所とのデータの受け渡しが必要であり、そのためにはそのデータがテキストファイルでなければならない。このことが思いのほか認識されていない。

つぎにテキストファイルとはなにか、テキストファイルにするにはどうするのかが理解されていないケースが多い。テキストファイルとはOS（Operating System）やソフトウェアに関係なく互換性をもったファイル形式で、とりわけ一般的なのがMS-DOS（Microsoft Disk

Operating System）テキストファイルである。ワープロ専用機には MS-DOS テキストファイルへの変換機能がないものもあるので、この場合はやむをえないが、通常のワープロ・ソフトからテキストファイルに保存しなおすことは簡単にできる。

しかし、最近のワープロ・ソフトは大型化する一方で、およそ必要のない機能が付きすぎているので、テキストファイル化するときにいろいろ不都合が生じることがある。ルビ文字が親文字ごと消えてしまったり、行頭字下げが天付きになってしまったりする。要するに、余計なお世話が多すぎるのである。だから、ふつうに文章を書き、それをテキストファイルにするだけだったら、そもそもワープロ・ソフトなど使う必要がないというのがわたしの考えである。必要以外にワープロ・ソフトはなるべく使わないほうがいいのだ。そのためには絶好のツールがある。それがもともとプログラマの記述用に発展してきたテキストエディタである。

なぜこのテキストエディタがいいかというと、これは文章作成のためにもともと特化されたツールだからである。別にむずかしい特殊技術など不要なのである。せっかくワープロ・ソフトの使い方を覚えたのに、なんでまたあたらしいツールを覚えなければいけないのかなどと思うことなかれ。これは一種の簡易ワープロと呼んでもいいものなので、基本的な操作はほとんどワープロと同じだし、ワープロのように重いソフトではないから、あまり面倒な機能もついていないので覚えることもきわめて少ない。起動も瞬時にできるし、保存も速い。とくに検索・置換機能の速さ・軽さなどはワープロの比ではない。しかもエディタの種類によってはマクロ機能（*）など、ちょっとした補助的プログラムで使い勝手が格段にいいものがある。

そんなわけで、著者も編集者もテキストエディタを使いこなすことをぜひともすすめたい。これがなければ念願のテキスト処理など覚束ないのである。

著者と編集者はテキストファイルの交換によって仕事をスムースにすることができる。そして言うまでもないことながら、編集者は著者の原稿段階から配列、表記の統一、取捨選択など内容的な吟味にかかわることができ、しかもドラスティックに内容の変更、書き換えまでかかわることができるのである。これまでならとうてい考えられないほどの面倒でダイナミックな変更も可能になるわけで、同じテーマ、同じ著者であっても内容的に最高度に吟味された本作りが可能になる。これは著者にとっても望むところではないだろうか。しかも編集者は原稿を素材として、書物にするうえでのさまざまな体裁、組み方、書体などを事前にいろいろと試みることもできる。

こうしたいろいろ可能性のあるテキスト処理の技法は著者にとっても編集者にとってもこれまでの出版のイメージを打ち破る意識革命だと言ってもおおげさではないのである。

(*) マクロ機能とは定型的な処理をできるように、あらかじめ定義づけられた処理プログラムを指す。「秀丸マクロ」が有名。

1-5　デジタル化が企画を生み出す

はじめに最近の入稿原稿はデジタルなかたちをとることが標準になってきたことを書いた。このことはこれからの書物の刊行にとってはたんなる便宜以上の、おそらくは決定的な意味をもつのである。なぜなら製作に要するコストの削減と刊行するまでの時間の短縮（効率化）こそが、これからは書物を刊行するうえで絶対的な条件になるだろうからである。昨今の出版情勢の環境悪化もさることながら、インターネット上での論文公開などという手法だっていずれはあたりまえの現象にすぎなくなるかもしれない以上、紙への印刷による書物という刊行形態はある種の特権的な形式になるだろうが、それでも必要最小限のコスト（とスピード）で本作りができるようになることが必要だろう。

すでに書いたように、書物という形態は残りうるにせよ、それは反復可能性をもつものでなければならないから、相当なオリジナリティをもつものに限定される可能性が高い。もちろん、だからと言って、出版界の書物の刊行点数がいちじるしく減少するということを予想しているわけではない。むしろそれぞれの書物が書物として刊行されるだけの必然性を内包していることが条件になるので、たんなる類似出版物や一過性の出版物が減るだろうと言うにすぎない。

今後の出版の条件を考えるとき、原稿の適切なデジタル化は、それを処理する技法の研究と相俟って、刊行に要する時間とコストの削減におおきく寄与するはずであり、そのことはこれまで採算上の問題でなかなか実現することがむずかしかった企画が本にできる可能性を高めることにつながるだろうとわたしは思っている。それはかならずしも企画の劣悪化を意味するのではなく、企画の選択可能性の幅をひろげることから、むしろ無名であっても力量のある書き手の登場するチャンスが高くなることを意味している。

最近は、すくなくとも専門書出版の世界においては、最初から売行きの確実に見込める著者はほとんどいなくなり、しかも専門性を上げれば上げるほど売れなくなっていくのが一般的になっている。専門分化がはげしい今日では、特定のジャンルとか領域だけにしか通用しない理論や研究はひとつ横にずれただけのジャンルや領域にとってさえも興味の対象とならないのである。そういう類いの書物の場合、読者数はせいぜい千人とか数百人とかに限定されてしまいかねない。そういった一般状況のなかでは、よほどジャンル横断的な、画期的な切り口をもつような、すぐれた専門家による新しいテーマの本ならばともかく、およそ売行き予想のついてしまうような専門書は条件でもそろわなければなかなか刊行できなくなってきているのである。

そんななかでテキスト処理の技法を用いることによって、採算分岐点を下げることができることになれば、これまで中小の専門書出版社でも1500部から2000部の販売が見込めないと成立しなかった企画が1000部でもなんとか採算があうことになり、これまで採算基準に達せずに成立しないままでいた企画があらためて実現可能になるわけである。つまりそういう企画にとっては出版の現実性が増すことになり、実力のある若いひとが出版をめざしてみずからの仕事に意欲的に取り組むことが可能になるということだ。ここで実力のある著者予備軍が一挙に名乗りを上げてくることになる。この手法によってこれまで想定できなかったような新たな企画をも生み出すことにさえなるかもしれない。そのなかから思い切った選択をおこなうことが出版社にとって可能になってくるということである。

こうした仕事の効率化によっていい仕事が相対的にふえ、その結果、出版文化の水準もおおいに上がってくるかもしれない。文化の向上につながる本とは、しょせんはじめは少部数出版でしか可能でない、若くてまだ未知数の可能性をもったあたらしい著者たちによって切り開かれてくるものだからである。しかもそういうなかから予想を超える売行きを示すものだって出てくるかもしれない。テキスト処理の技法によって「文化不況」を超える出版革命が現実のものになることを強く望む理由である。

1-6　著者に要求されているものはなにか

これからの書物（とりわけ専門書）の出版をめざす若い著者にとって必要なことは最終的にはなにになるのだろうか。書物の刊行にとってもっともコストのかかる部分は、発行部数の多い出版物の場合はともかく、通常は組版にかかわる部分である。したがって少部数出版を可能にする第一の前提は、原稿が著者によってデジタル化されていることである。第二には、あらためて言うまでもなく、原稿は十分に推敲され、正確に入力されていることが望ましい。第三に、その原稿がさまざまな余計な付加情報をふくまないテキストファイルとして処理されていることである。ときにルビや傍点、脚注、さまざまなフォントや文字サイズの使い分けなどをして凝った原稿を作り上げてしまう著者がいるが、はっきり言って、こういう原稿作成はまったくの無駄であるばかりか、場合によっては余計な手間をかけるだけであるということを著者にまずもって知ってもらいたい。

どれほど精緻に作り上げた原稿でも、残念ながらそのまま版下にできるものはまず絶対的にないと断言できる。同人誌とか学会誌といった非商業出版物ならともかく、いちおう商品として対価を要求する商業ベースの出版物となると、組版にかんするかぎりパソコン・レベルで処理できるものはDTPをのぞいてはほとんどないと言っていい。したがって高度な原稿処理に無駄なエネルギーを費やすことには意味がないのである。わたしがかつて若手の著者を中心とした比較的廉価な専門書シリーズを模索したとき、いまの若い書き手ならDTPの基本フォーマットを設定すれば原稿の版下化ぐらい可能なのではないかと考えたことがあるが、やはり無理があったようだ。実際問題として商業ベースで要求されるようなきわめて高度で精緻な版下作成はそもそも著者の仕事ではないからである。むしろオーソドックスで誰にでも可能な技術処理の一般化、ルール化こそが必要なのである。

結論的にいえば、書物にするための原稿は文字データ以外のいっさいの付加情報のないプレーンなテキストファイルにしておくことがもっとも正解なのである。印刷所の大型編集機ではワープロ・ソフトのままのファイルは変換せずには通常は対応できないし、余分な付加情報が入っていると、それをいったん解除するために無駄な時間と経費がかかる。思わぬミスも起こりうる。それではなんのためのデジタル情報かということになりかねない。文字情報は割付けによって書体やサイズが指定され、編集機の画面上で設定され、ゲラとして出力されるのであって、そのための基礎データであれば十分なのである。文字データはどんなに変形されても消滅することも解体されることもないから、安心して内容だけに腐心してもらえばいいのである。ルビや傍点を付けたり欧文特殊文字を入力する必要があれば、特殊な記号の組合せ（タグと呼ばれる記号による指定については後述する）を使って本文中に入力しておけばいい。

原稿がデジタル化された文字情報だけでいいということは、逆に言えば、モニタやプリントアウトされた文字列の体裁にはなんの意味もないということである。以前はよくあったことだが、プリントアウトされた原稿はそれなりに美しく仕上がっているのだが、ファイルを開けてみると無駄なスペースやタブが入力されていて、肝心の段落の終わりをしめす改行マークが入力されていないなどということがあった。見た目でごまかされてはいけない。テキストファイルでは改行マークから次の改行マークまでをひとつの段落とみなすのであり、これを１行の論理行として認識する。モニタ画面上で折り返された行形式はいくらでも可変的であり、つまりかりに与えられたものだから、いくらその段階のものに見た目の整合性を与えても一時的なものであるにすぎない。引用などの場合に行頭をすべて１字下げにしようとして画面の見かけ上の各行頭でスペースを入れるひとがよくいるが、たんに論理行という長大な１行文のなかに意味不明の１字分スペースをいくつも挿入しているにすぎないのである。

そんなわけで、テキストファイル作成のために著者に最小限要求されていることは、パラグラフの終りにきちんと改行マークを入れること、必要以外のスペースやタブは入力しないこと、まずはこの二点に絞られるのである。つまり特別なことはいっさい要求されないというのがテキストファイルの特性なのだ。このことの意味をこれからの著者にはよく理解しておいてほしい。（これらについては第３章で後述する。）

以上に述べてきたことからもすぐ推測されるように、著者が原稿を入力するためのツールはきわめてシンプルなものであればいいということになる。そのために存在するのがテキストエディタと呼ばれる一種の入力ソフトである。入力専用ツールとして、その起動の速さと軽さ、検索・置換等の機能の優秀さなどによってプロの物書きや編集者にも愛用者が多い。

すでに使っているひとには無用の情報になろうが、これらはシステムにたいしても最近の巨大ワープロ・ソフトのようにメモリをあまり食わないし、どんな古いマシンでも処理速度に大きな差が出ないから、文字入力のような比較的単純な仕事にはぴったりなのである。つまり原稿を書くだけなら図体ばかりが大きくてエラーも多く、余分な機能だらけの「Word」や「一太郎」のようなワープロ・ソフトは不要ということになる。ワープロ・ソフトで入力しても、保存するときにはテキスト形式で保存することになるなら、最初から軽快なテキストエディタを使用するにこしたことはないというのがわたしの年来の主張である。著者がこのことを理解してくれることを切に望みたい。

1-7　編集者はテキストエディタを駆使すべし

ここでとりあえずの方向性を出しておこう。わたしがもっとも主張したいことは、書物のためのデジタル原稿化がすすんできて、ここで述べた意味での著者の最小限の協力が得られるようになるならば、あとは編集者が一定程度の技術と認識をもつことによって、書物（とりわけ専門書）の刊行が大幅に効率化され、コストダウンが可能になり、スピードアップも図ることができるということである。

しかも、すでに十分に経験してみてわかったことは、こうした方法がけっして特殊で高度な技術処理を要求するものではないだけでなく、ゲラにする以前に原稿と徹底的につきあうことによって内容への十分な把握が可能になり、思い切った訂正とか刈り込みが事前に、それも納得のいくまで実現することができるようになったということである。問題点があれば著者ととことん議論することができる。デジタル情報という利点を利用することによって、思い切った再構成、配列の変更、パラグラフや項目単位の移動、キーワードの一括変更なども自在にできる。また、特殊なツール（たとえばSedMacなどのテキスト一括処理プログラム）を用いれば一括検索・一括置換などの機能を使って、表記の統一やスペースの削除あるいは挿入などの大量の技術処理も同時にかつ瞬時にできるのである。（これらについては「編集篇」で詳述する。）

したがってこれからの編集者に要請されることは、テキストエディタをフルに使いこなす技術のマスターだけである。しかしそれとてもDTPソフトをマスターすることにくらべれば、じつに簡単なことである。テキストエディタで基本的に覚えておくことはそんなに多くないし、むずかしい技術でもないからだ。編集者（エディター）がテキストエディタを使い切るとは、考えてみれば、そもそもトートロジーでしかないではないか。

ここまでできるようになれば、著者と編集者の理想的なコラボレーションというわたしの出版の理想的ありかたへの確信が現実味を帯びてくるのが理解してもらえるだろう。デジタル情報化の技術の発展とともに、出版本来の手作り感覚がヴァーチャルな次元においてであろうが、再現してくる。それがどんな経路をへてにせよ、最終的に実現されるものはペーパーによる書物の具体性、物質性である。

書物が究極のハードウェアであるとすれば、その実現のためにこうしたデジタルな回路を通過するということははたして大いなる皮肉なのであろうか、それとも出版の歴史を革新するひとつのプロセスなのであろうか。そうだとすれば、これはもはや編集革命と呼んでもいい事態なのではないだろうか。

第２章　テキスト実践技法のために──基礎篇

本書の基本的主張のおおむねはこれまでの記述にほぼ尽きている。

以下では、いよいよテキスト実践技法について具体的に述べていこう。はじめにこのテキスト実践技法にかんする基本的認識のための「基礎篇」から始めたい。ここで得た認識のもとに主として著者のテキスト作成にかんする技法を中心とする「執筆篇」、つぎに主として編集者の編集技法を対象とする「編集篇」（続篇に収録予定）というステップを踏んでいくことにしたい。言うまでもなく、著者も編集者も基礎篇はもちろんのこと、執筆篇と編集篇のそれぞれを理解してもらうだけでなく、もう一方の側面も知っておいてもらいたい。出版における著者と編集者の仕事は相補的であり、相手の立場や仕事を理解することは、著作の刊行をいちじるしく促進し、最終的にはそれぞれの作業を軽減することにつながるからである。

まずテキスト実践技法の基本についての認識を深めておこう。ここではテキストファイルとは何か、テキストエディタとはどのようなものかということを説明する。

2-1　出版に必要なのはテキストファイル

第１章で述べたように、出版物のための原稿はデジタル化されていることが望ましい。もちろんどうしてもデジタル化ができない著者もいるので、そのためには印刷所にテキスト入力してもらうこともできる。ともかく、ゲラにするまえに著者と編集者が自由に内容を改変することができるようになっていることが必要なのである。

ここでの前提は、まず第一には、著者になにがみずからのテキスト作成のために無駄のない、適切な方法なのかを理解してもらうことである。そして第二に、著者をサポートする編集者に、編集上のさまざまな経験をいかした専門家の立場から、著者のデジタル原稿を印刷所に入稿するにもっともふさわしく整形するにはどうしたらいいかを知ってもらうことである。そして第三に、これがいちばん肝心なことかもしれないが、こうした一連の作業がなにも特殊な能力や特別な知識を必要とするのではなく、最小限のパソコン操作の慣れと理解、それにこうした方法がもたらす豊かな可能性へのチャレンジの精神をもってもらうことである。

以下で述べていくことは、すべてふつうのパソコン上で実現しうることであり、出版（編集）におけるパソコンというツールの有用性をあらためて証明するものであろう。データやファイルを高速に処理し、管理することのできるパソコンというツールから最大限の利益を引き出せるのは編集の仕事なのではないかというのが、わたしの持論である。著者の原稿作成のあとにも広い意味での編集作業というものは存在する。書くためにはワープロ専用機で十分だと思っているひとも、できればこのさいパソコンに乗り換えることを強くおすすめしたい。

さて出版物のためのデジタル原稿はすべてテキストファイル形式で

印刷所に入稿される。印刷所では、入稿されたワープロ専用機、ワープロ・ソフトでのデジタル原稿は印刷所のハイレベルな編集機に取り込むには、いったんテキストファイル形式に書き換えてから処理される。そうしなければ使えないのだ。これがまず出版におけるデジタルデータの取り扱い上の基本である。

ただ著者はそうしたことをほとんど認識していないし、編集者もあえてそのことを著者に伝えることをしていない。もっともそうしたことも知らない編集者が多いのがそもそもの問題なのだが。

2-2　テキストファイルとはなにか

2-2-1　テキストデータのしくみ

すでに述べたように、印刷所に入稿するデジタル原稿の形式はテキストファイル形式である。そこでこのファイル形式について必要最小限の確認をしておいたほうがいいだろう。

コンピュータ上の文字データというのは、０または１（オフ／オン）の組合せ文字列が変換されたもので、見かけ上は文字のつらなりであっても、０または１の巨大な数列にすぎないのである。この０または１の二進法による桁（ビットと呼ぶ）を８ビット組み合わせた単位をバイトと呼び、英数文字や記号のそれぞれにはこの１バイト分256種類（２の８乗）の数列のいずれかが割り当てられている。それにたいして、文字数の極端に多い日本語（漢字、ひらがな、カタカナ）のそれぞれには２バイトつまり16桁分の数列が割り当てられている。つまりテキストデータは１バイトまたは２バイトの［0/1］の数列に相互変換されうるデータ情報のみでできているのである。

テキストファイルまたは簡略にテキスト形式と呼ばれるものは、こうした文字データ以外のいかなる付加情報ももたないもっともシンプルなファイル形式のことであり、きわめて簡素なデータ情報であるために、コンピュータのもっとも得意とする単純な演算処理の対象となることができるわけで、検索・置換処理にせよ保存やコピー処理にせよ、ほとんど瞬時におこなえるのである。

テキストファイルはしたがってWindowsやMacOSといった基本システム（Operating System = OS）やワープロ・ソフト、表計算ソフト、データベース・ソフトなどといったアプリケーション・ソフトウェアの種類やそのヴァージョンに関係なく互換性をもちうる唯一のファイル形式なのである。テキストファイル形式にはデータ情報以外の付加情報はないからである。そのなかでとりわけ一般的なのがMS-DOS（Microsoft Disk Operating System）のテキストファイルであり、通常はこのファイル形式を媒介すれば、異なるOSやアプリケーション間でもデータのやりとりがすばやく簡単にできるのである。

このテキストデータ以外のデータ形式をバイナリデータと呼ぶ。これはそれぞれのアプリケーション固有のかなり複雑な命令に対応するようにプログラムされたデータ形式で、定義上、これらは必然的に互換性はもたないのである。

2-2-2　なぜ改行が必要か

テキストファイル形式のデータとは８ビットないし16ビットの［0/1］の数列からなる文字データの集まったものであるが、この文字列がふつうの文章とちがうのは、段落（パラグラフ）ごとにかならず改行マーク（リターンキーまたはEnterキーを押す）を入力して分節されていなければならないことである。

パソコン上で段落とはひとつの改行マークからつぎの改行マークまでのことをいい、途中に句読点があるとしても、構造上は長い１行の文と理解される。これを「論理行」と呼び、ワープロでのようにモニタ上で決められた桁数で行の折り返されたものを「物理行」というのと対応している。こうした見かけ上の1行である物理行とちがって、論理行は、テキストエディタのように1行の長さをいくらでも簡単に伸縮自在に変更できるソフトにおいては、いかようにも見せることができる。

ワープロ・ソフトやワープロ専用機の場合では、この物理行という考えが優先する。ワープロは基本的に1行の文字数を決めてからでないと入力することができないが、これは指定された字数ごとに、つまり行の末尾ごとに折り返し表示をおこなうためである。ワープロ専用機の場合はこれを自動改行といって、パソコン上でデータを呼びだしたときにも、この改行マークが残ってしまうものがある。この改行マークを解除しないかぎりあらたに設定した字詰めに変更することもできないという不都合が生ずる。

ワープロ専用機を使っているひとによくあったことだが、ひとつの段落からつぎの段落にいくのに改行マークを使わずに、スペースでつないで見かけ上はちゃんと改行されているようにすることがある。一冊分の原稿に一度も改行マークを入れずにすませた剛の者もいた。その場合、テキストデータは、あいだにわけのわからないスペースやタブのはいった異常に長大な1行の文章と認識されることになる。こうした場合、1行の文字数の設定を変えるだけで形は崩れてしまい、このスペースやタブ自体がまったく無意味になってしまうのである。これは段落が改行マークによって分節されている論理行であることを理解していないために起こることである。

とにかく段落を終了させるときは絶対的と言っていいほど、改行マークを使うことが必要であることをまずは銘記されるべしである。

2-2-3　拡張子の概念と改行コードの形式

テキストファイル形式の基礎についていますこし確認しておくべきことがある。テキスト・データがWindowsやMacintoshといったOSの違い、アプリケーション・ソフトの違いを超えて互換性をもちうる唯一のファイル形式であることはすでに述べたが、できることならデータ保存の形式についても知っておいたほうがいい。「拡張子」という概念と「改行コード」という形式である。

「拡張子」とはもともとMS-DOSで用いられていたファイルの種類を表わす文字列のことで、ファイル名本体のうしろに半角ピリオドと半角英数文字の組合せで構成されている。MS-DOSから発展したWindows上でファイルを保存すると保存形式にしたがって自動的に適切な拡張子が付けられるようになっている。ワープロのWord形式の場合は「.doc」、表計算ソフトのExcel形式の場合は「.xls」といった具合である。またエクスプローラでディレクトリ（ファイルやフォルダの階層構造）を開いてみるとわかるように、プログラム実行ファイルの「.exe」やシステムファイルの「.sys」など重要なファイルを教えてくれる表示形式もある。これらのなかに混じって「.txt」という拡張子で表示されているのがテキストファイルなのである。

ところで研究者や物書きのなかにはMacintoshを使っているひとが多い。Mac（Macintoshの略称）のユーザ・インタフェース（使い勝手）の良さは無愛想なWindowsにくらべるとまだだいぶ差があり、しかもApple社（Macintoshのメーカー）がマイクロソフト社（Windowsのメーカー）と業務提携するにおよんで、これまでの相性の悪さ、互換性のなさが大幅に改善されてからMac派も安心して従来通りに仕事をできるようになっている。出版の世界では、ワープロ専用機のひとを別にすれば、パソコンで仕事をしているひとの半分ちかくはMac派ではなかろうか。これは通常のシェアからすれば非常に高い数字である。

問題なのは、Macintoshにはとくに拡張子という概念はなく、そのかわりに「ファイル・タイプ」と「クリエータ」という情報がデータとともに書き込まれる形式（MacBinary形式と呼ばれる）になっていることである。ファイル・タイプはデータ形式を表わすものでWindowsの拡張子の概念にちかいが、クリエータとはアプリケーションの種類を指し、同じテキストファイルでもクリエータ（ここではテキストエディタのどれかひとつの種類）とセットになってファイルを構成している。Windowsでは逆にクリエータ情報という考えかたがないために、ファイルのうしろに拡張子を付けてアプリケーションとの関連付けをしておかないと、ファイルのダブルクリックで起動することができないのである。これはどちらが優れているかの問題というよりも考えかたの差異であって、現在のWindows優位の環境のなかでは、Mac派のひとのテキスト原稿が互換性をもちやすくするには、ファイル名に「.txt」という拡張子を付けることを習慣づける必要が生ずるのはやむをえない。もちろん、テキストファイルである以上、こうした拡張子を付けなくても、Windowsの側からも開けないことはないのだが、Macintosh独自のデータ形式が残存しがちで、これは互換性という意味ではいささか無駄であり、厄介でもある。

テキストデータ保存のさいに無視しえないもうひとつのポイントが「改行コード」形式の選択である。これもWindowsとMacintoshとでは認識のしかたがちがうのでややこしいが、データの互換性を保つためにはいずれにおいてもMS-DOSのテキストファイル形式で保存するのがベストである。

Windowsの場合はもともと「拡張子」という発想があるので、テキスト形式（.txt）で保存すれば自動的にMS-DOSのテキストになる。たとえばWord書類をテキスト形式で保存（「名前を付けて保存」

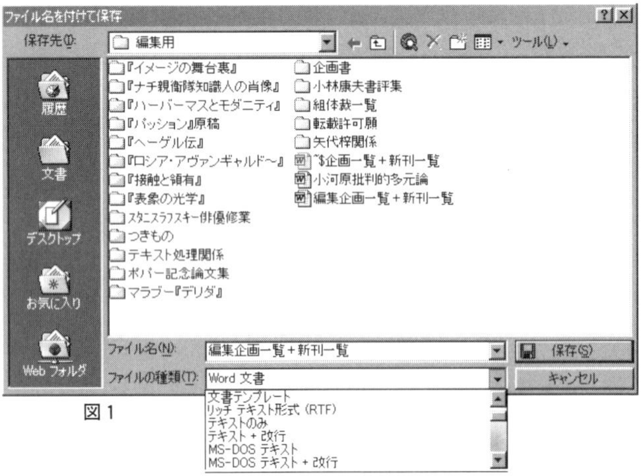

図１

を「ファイル」メニューから選ぶ）しようとする場合、「ファイルの種類」というドロップダウンリストをクリックすると、「テキストのみ」「テキスト＋改行」「MS-DOS テキスト」「MS-DOS テキスト＋改行」という四つのテキスト形式が並んででてくる。実際にはこのいずれを選択してもテキストファイルになるのだが、「＋改行」のほうを選ぶとまえに述べた強制改行つきのテキストファイルに変換されるので、これは避けたほうがいい。「MS-DOS テキスト」を選ぶのが正しい。【図１】

しかし問題はここでも Macintosh の場合なのである。Word は Office-Mac 2001（Windows 用の汎用ソフト Office の Macintosh 版）でいまや Windows との互換性がほぼ完全に確保されたので、保存形式は Macintosh でも同じである。一太郎のような国産ワープロの場合は、たんにテキスト形式を選択するだけではなく、DOS 形式を選択するラジオボタンをチェックしておく必要がある。また Macintosh 用のワープロやテキストエディタには MS-DOS 形式のテキストファイ

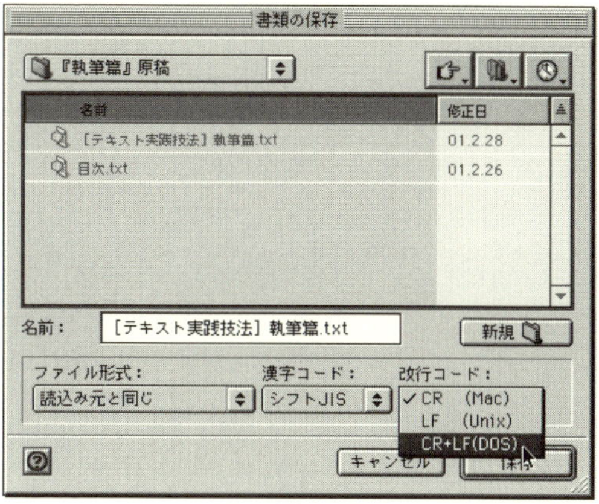

図2

ルを選択することができないものがある。Jeditのような高度なテキストエディタの場合は「改行コード」というドロップダウンリストがあって、標準設定は「CR（Mac)」となっているが、ほかに「LF（UNIX)」、「CR + LF（DOS)」が選べるようになっている。ここからDOSの「CR + LF（DOS)」形式を選べばいい。【図2】

さて、この「改行コード」であるが、行送りの仕組みがMacintosh、Windows、UNIXという三大OSでいずれもコンセプトがちがうという大きな問題がある。「CR」= carriage return（復帰）と「LF」= line feed（改行）という似たような概念の組合せ方がOSごとにちがうためにデータの互換性にとって大きな支障をきたすのである。ここでは少数派のMac派としてはDOS形式にあわせていくのが無難な選択となる。

2-3　テキストエディタというツールとその種類

これまでの記述でテキストファイルとはどういう種類のものか、ある程度は理解してもらえたことと思う。もっともシンプルなデータ形式としてのテキストファイルは、細かい問題点を別にして言えば、基本的にほとんどの主要なアプリケーションから作成することができる。ワープロ・ソフトはもちろんのこと、表計算ソフトからであれ、データベース・ソフトからであれ、テキストファイル形式への書き出しはいとも簡単にできる。たとえばExcelのような表計算ソフトからはそれぞれのセル（縦横の表形式の１コマ）のデータをタブ区切りまたはカンマ区切り（CSV形式と呼ばれる）のテキストデータとして取り出すことができるのである。

出版のためのデジタルデータとしては、普通には文字データが圧倒的に多いのは言うまでもない。実際に著者が原稿を書くのに表計算ソフトやデータベース・ソフトを使うということはおよそ考えられない。ワープロ専用機かワープロ・ソフトを使って原稿を書き、そこからテキストファイル形式に保存するというのが一般的である。もちろん、先に述べたように、出版のためにはテキストファイルという形式でなければならないという前提が多くの著者および編集者に認識されていないから、ワープロ・ソフトのデータ形式のままで編集者に渡される原稿のほうが多いのが実情である。

さて、ここでテキストエディタという、一種の簡易ワープロであり、むしろ余分な機能のない文字入力専用ツールについて説明しておく段階に達したと思う。

ひとによってはあまりなじみのないツールかもしれないが、物書きのなかにはもっぱらテキストエディタ（略してエディタとも呼ぶ）でしか原稿を書かないというひともかなりいる。わたしの場合もすべてといっていいほどエディタで書いている。パソコンの操作とテキストファイルの形式に習熟したひとほど、文字だけの原稿だったらテキストエディタで十分だと考えるはずである。もちろん編集作業という点もふくめて、大変な利点があるのだが、それらについては続篇（「編集篇」）で順を追って説明していきたい。

しかしまだエディタというツールの存在さえ知らないひとが多すぎるのが問題なのである。まずはこうした便利な入力ソフトがあるということを知ってもらうところから始めたい。

テキストエディタというソフトは、もともとプログラマがコンピュータ技術開発のために作り出した文字入力用のツールであると言われている。したがって、文字をふつうに入力し、挿入も削除も移動もコピーもできる点ではなんらワープロ・ソフトに遜色はない。むしろワープロというソフトは、エディタの文字入力機能にさまざまな文字修飾の機能（ルビ、圏点、太字・イタリック・アンダーラインの指定、フォント指定、書式スタイルの設定、網かけ機能など）のほかにインデント機能、校正機能、バックアップ機能などを付加したものだと言ってよいのである。

最近のワープロ・ソフトはこれら付加機能のために、起動するだけで数MBから10MBぐらいのメモリを食ってしまう。ワープロ全体をインストールするためには数十MBから200MB以上のハードディスクの空き容量を必要とする巨大ソフトになっている。

それにたいしてテキストエディタはワープロ・ソフトにくらべてもメモリの占有率は数分の一以下でしかない（もっとも最近のエディタも機能性重視のため1.5MBぐらいの容量を必要とするようになってきたのは考えものだが）。

いずれにせよエディタは軽量ソフトであり、開発費も安くてすむので、ワープロ・ソフトのように高価なものではない。ほとんどがシェアウェア（有償だが割安なソフト）であって、市販のものはWindows用のWZエディタぐらいのものである。だいたいはコンピュータ雑誌の付録CD-ROMかインターネットからのダウンロードで簡単に入手できる。

エディタの種類はどんなものがあるだろうか。Windows用では「秀丸エディタ」（斉藤秀夫作）が定番中の定番で4000円のシェアウェア。インターネット上で関連するマクロファイルなどが多数流通しており、それらと組み合わせることで高度な環境を実現できる。Macintosh用ではいまのところJedit（株式会社まつもと）とLightWayText（山下道明作）がワープロ的な要素を取り入れた高機能を誇っており、使い勝手をよくするカスタマイズ性も高い。Macintosh用の古くからの定番であるYooEdit（田川洋一作）は最近ひさびさにヴァージョンアップしたが、これはフリーウェア（無償ソフト）で、検索・置換などの高速処理にはこのうえない軽快さを発揮する。

このほかにOSに付属のシステムエディタがあるが、これらは特殊な機能（*）を除いてきわめて不十分な機能しかもっておらず、次項で述べるように基本的に使い物にならないことも指摘しておかなければならない。

（*）たとえばMacintoshのSimpleTextにはパソコン画面をそのままファイルに出力するスクリーンショットのキャプチャ機能がある。

2-4　テキストエディタにはなにができるか

2-4-1　ファイルを開く

すでに述べたように、テキストエディタはテキスト作成のために特化されたアプリケーションである。テキストエディタとは、ひとことで言えば基本的な機能をすべてそろえた簡易ワープロであると言ってもよい。それだけではない。ワープロ・ソフトにくらべるとはるかに軽量なだけに、起動の早さやシステム的な安定度ははるかに上である。さらにくわえて検索・置換機能は強力で、複数のファイルを同時に検索するマルチファイル検索や、特定の演算子を使っての複雑なパターン検索ができる「正規表現」というツールにも対応しているものが多い。強力な検索・テキスト処理ツールとしてはPerl、awk、sedなどが有名だが、この「正規表現」の方法を理解してしまえば、テキストエディタにおいてもかなり高度な検索・置換処理ができる。これらについては「編集篇」のほうで順次ふれていくことにしたい。

ここではテキストエディタはどんなことができるのか、ひとつひとつ確認するところから始めよう。

まず、テキストエディタはコンピュータ上に存在するほとんどすべてのファイルを開けることである。ファイルにたいして関連付け（*）を設定することによって読み出すことができる。すくなくともプログラム系のさまざまなファイルの中身を、エディタのアイコンにドラッグ・アンド・ドロップするか、Windowsの「送る」SendTo、MacOSのコンテキストメニューなどで指定したエディタに転送する（**）ことで、とりあえず開いてみることができる。その多くはテキストファイルであることがここで判明する。パソコンのさまざまな働きをつかさどっている命令（コマンドないしスクリプト）ファイルはかなりの部分がテキストファイルだからである。

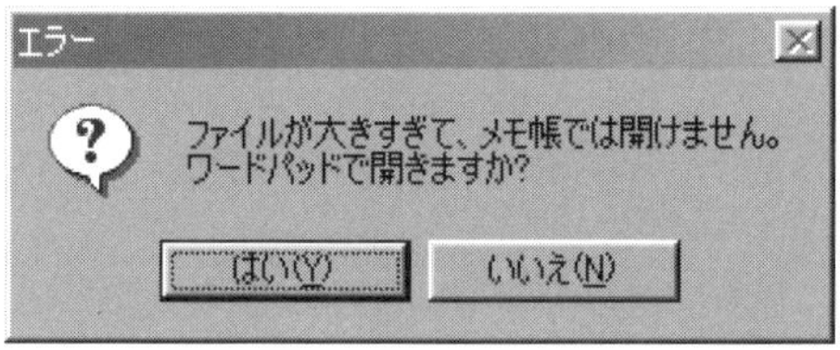

図 3

WindowsやMacOSには、それぞれ「メモ帳」、「シンプルテキスト(SimpleText)」というシステム付属のテキストエディタが用意されている。しかしこれらのエディタは、32KB以上の大きさのファイルは扱うことができない。「ファイルが大きすぎて、メモ帳では開けません」とか「この書類は、SimpleTextで開くには大きすぎます」というアラートが出るのはそのためだ。ということは、システムに標準装備されたエディタのままでは不十分であるということであり、原稿を書くばかりでなく、ファイルのやりとりのためにはやはりまともなエディタを準備しておく必要があることになる。【図3】

(*) 関連付けとはファイルに起動するためのアプリケーションを登録しておくこと。Windowsの拡張子がそれにあたる。

(**) Windowsのディレクトリのなかに「SendTo」というフォルダがあり、ここにテキストエディタのショートカットを入れておくことで、ファイル上でマウスを右クリックすると出てくるメニューのなかの「送る」からこのショートカットを選択することで転送できる。またMacintoshの場合、MacOS 8以上のヴァージョンから可能になったコンテキストメニューはWindowsの「送る」を真似たもので、コントロールキーを押しながらマウスをプレス（押しつづける）するとメニューが出てくる。このなかからエディタを探して選択する。またこのコンテキストメニューの使い勝手をよくしたものがFinderPopというフリーウェアで、コントロールキーを押さずにマウスのプレスだけでメニューが開けるうえにメニュー項目にエディタのエイリアス（Windowsのショートカットにあたるもの）を追加することで選択しやすくすることができる。【図4】

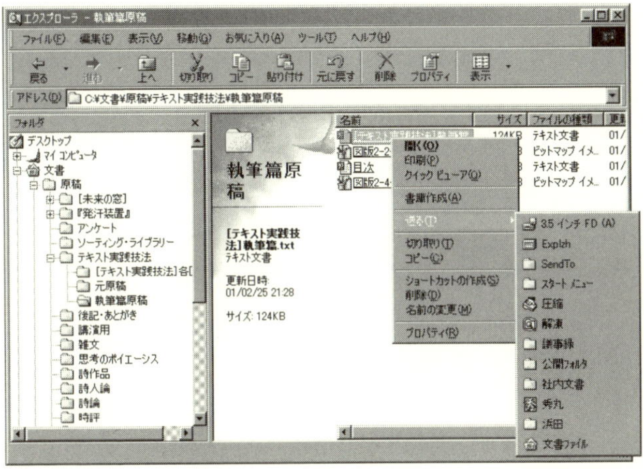

図4

2-4-2　整形と検索・置換作業

前項で触れたように、WindowsやMacOSに付属のメモ帳、SimpleTextというテキストエディタでは32KB以上のファイルは開くことができない。32KBということは2バイト1文字の日本語では16,000字、つまり400字詰め原稿用紙40枚分である。これ自体は必ずしも小さいファイルではないが、出版のためのまとまった分量の原稿を扱うにはまったく不足である。ふつうの出版物の原稿の量としては250枚～1000枚以上、つまり小さな本でも400字×250枚×2バイト＝200000バイト＝200KB、大きな本になると800KB以上になるからである。原稿のファイルを細かく分割しているようでは、仕事の能率は著しく損なわれる。

それにひきかえ、秀丸エディタやJedit、YooEdit、LightWayTextといったエディタでは事実上、無制限の大きさのファイルを扱える。それればかりではない。データがテキストデータのみで、Wordや一太郎といった巨大なワープロ・ソフトだとデータに付加される余分な書式データやスタイル指定のための情報がないために、たとえばテキストの連結や分割、あるいは無用な改行、スペース、タブの除去といった整形作業において、スピードと安定感において比較にならないほど優れた機能を発揮するのである。

そしてなによりも決定的なことだが、文字列の検索および置換というコンピュータのもっとも核心的な能力をフルに引きだす点においても、テキストエディタというツールは圧倒的な優位を誇っている。前項でも触れた「正規表現」という検索・置換のための強力なツールがワープロ・ソフトでは十分にサポートされていないのにたいして、エディタはこうしたプログラム言語的なデータ処理をもっとも得意とするからである。複雑な文字列を高度にパターン化して表現や表記の不統一や変更点を一括して検索し、それを適切なかたちに統一するといった作業はエディタなら比較的簡単に、しかも高速にできる。ワープロ専用機の原稿に特徴的な各行末の強制改行のうち必要行を残して一括除去するといった作業など、たった１行の検索指示行を書くだけで処理できる。原稿の無駄や間違いを省き、出版を現実的なものにするためには、こうした内容の厳密なチェックや修正を欠かすことはできないのである。

第３章　執筆のためのテキスト入力マニュアル
――出版をより高速に、より安価にするにはどうするか

本章では前章の基礎篇の知識をふまえて、いよいよ出版を前提としたテキスト処理の実践的な諸問題と具体的なマニュアルについて話を進めていきたい。まずは著者の原稿執筆のためのマニュアルづくりが必要である。

出版においては、言うまでもなく著者の原稿が原点である。しかしせっかく原稿をデジタル化するなら、すこしでも無駄のない方法で原稿ができあがっていることが望ましい。ところがほとんどの場合、著者はどういうものが無駄のない原稿なのか認識していないのである。無理もない。出版というプロセスにかんしてこうした実践的なレベルでのマニュアルはこれまでのところ皆無と言っていいからである。

こうしたマニュアルはほんらい出版の実践的な場にいて著者と印刷所のあいだをとりむすぶ編集者こそが、さまざまな具体的な経験をいかして的確なアドバイスをするべきなのであるが、残念ながらパソコンの普及とともにしかこうした経験も蓄積されてこなかったこともあって、まだ適切なマニュアルは存在しなかった。ここでわたしがつくろうとしているものは、その意味では出版業界ではほとんど初めての試みであろう。

もちろんここにはいろいろ問題や欠陥や偏りもあるだろうが、いず

れにせよ、こうした著者のための指針になるようなものを誰かが編集の立場からうちたてておかなければならない、その緊急性だけは理解してもらえるだろう。この必要性は日ごろ出版編集の現場で痛感しているだけに、なにはともあれ、ひとつのアウトラインだけでも描いてみたいのである。

3-1　著者の仕事はテキストファイルの作成だけ——入力されたものしかほんとうのデータではない

さて、著者の仕事とはなんであろうか。もちろん、すぐれた原稿を書いてもらうことである。そしてそれが出版を前提とするものであれば、とりわけデジタル原稿として無駄のない、適切な方法によって書かれていることである。できるかぎり正確に入力され出力されて、入念にチェックされた原稿として提出されていることである。もちろん最終データとして印刷原稿と同じものがフロッピーなどに収められて原稿といっしょに編集者に渡されることである。そのかぎりで出版のための著者の仕事はテキストファイルの作成だけと言っても過言ではないのである。

そのさい著者に留意してもらうべき第一のポイントは、実際に入力されたものしかほんとうのデータではないということである。ワープロ・ソフトの種類によっては、実際に文字や記号が入力されていなくても、入力されているかのごとき体裁をとるものがある。自動的に字下げしたり、アステリスクなどを付してくれるオートインデント機能、オートフォーマット機能というものがあり、それらは実際の入力作業を省力化させてくれる便利な機能だが、出版のための原稿はなにもそういう機能をもつワープロのデータではないのだから、こういう

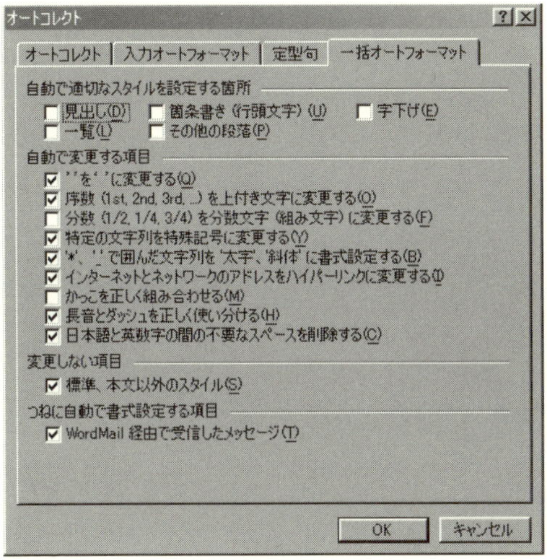

図５

機能に頼った入力をしてしまうと、かえってアダになる。テキストファイルに変換すると、それらは影も形もなくなってしまうからである。行頭の１字下げなどは確実に全角スペースをひとつ入力するようにしなければならない。オートインデント機能をそのままにしてしまうと、自動的に１字下げになるが、テキストファイルに変換するとこの見かけは消えてしまい、段落の始めがすべて天付きになってしまうので注意が必要だ。こうした元凶としてのオートインデントやオートフォーマットの機能は初期設定で解除しておく必要がある (*)。

(*) たとえばWordのオートフォーマットの解除をする方法。まず「書式」メニューから「オートフォーマット」を選択～「オプション」ボタンを押す～「一括オートフォーマット」タブのなかの「自動で適切なスタイルを設定する箇所」の「見出し」「箇条書き（行頭文字）」「字下げ」などのチェックボックスをすべてオフにする。【図５】このほか文章表現に自信のあるひとは文章校正機能などもうるさいのでオフにしておきたい。その方法は「ツール」メニュー～「オプ

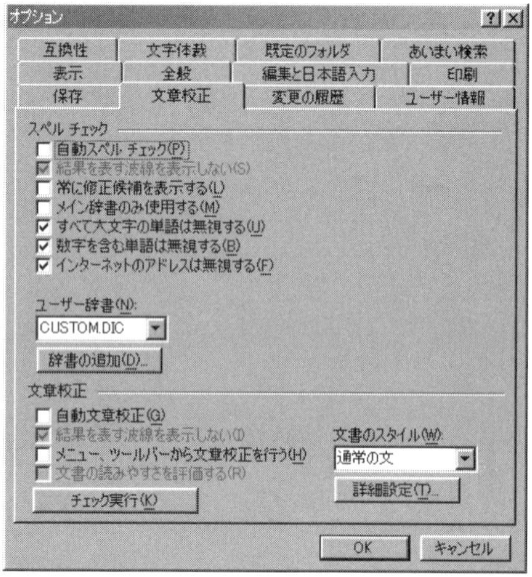

図 6

ション」を選択～「文章校正」タブの「自動文章校正」や「自動スペルチェック」のチェックボックスをオフにする。【図 6】

3-2　段落処理の基本

3-2-1　段落の最後はかならず改行マーク

すでに第 2 章の基礎篇でも述べたように、デジタルデータにはかならず段落というものが存在する。注意しなければならないのは、これは通常の文章におけるパラグラフと呼ばれるものと同じようだが、すこしだけ限定された別の意味をもっていることである。そこにじつは重大なちがいがある。それは段落の最後にはかならず改行マークが入力されていなければならないということである。

これもすでに述べたことだが、パソコンにおいてはひとつの段落は改行マークが入力されたときにはじめて完結する。つまり改行マークが入力されていないかぎり、一見どんなに行が変わっているように見えようと（出力された原稿や画面で見るかぎりは改行されているように見えようと）、それは段落とは認識されないのである。これも前述したことだが、パソコンではひとつの段落とは「論理行」と呼ばれる１行単位のデータであって、見かけ上で改行され出力されている「物理行」と呼ばれる一種の見せかけとは決定的にちがうものだからである。

このことはどんなに強調しても強調しすぎることはない。なぜなら、著者によっては、出版される本のレイアウトをあらかじめ想定して１行の字詰めを設定し、それにあわせて原稿を書くひとがいるからである。もちろん、それだけならさほど問題はない。問題なのは、これはたまに見かけることだが、段落の終りにスペースを入れて次の段落につなげてしまったり、あるいは見かけの行の変わるところに字下げのためのスペースを入れてしまうひとが少なくないことである。これはひとつの段落というものがそうしたスペースもふくめたひとつながりの文字データであるということを認識していないからなのである。

出版のための原稿は、著者が入力した通りにレイアウトされるわけではないし、かりに１行の字詰めが同じであっても、本になるときには活字を小さくする部分があったり、約物（カッコ類、句読点）のあいだの２分詰めなども生じるのであって、正確に同じ文字配列になるわけではない。引用部分のアタマ２字下げなどは印刷所に入稿するときの基本的なレイアウトの問題であって、著者が気にかける必要はないのである。

とにかく著者が入力するうえで第一に必要なことは、どこから段落が始まりどこで段落が終わるのかを明確にすることである。

3-2-2　行頭はスペース入力が基本

前項でデジタルデータにはかならず段落という概念があり、段落の最後は改行マークで区切られるということを確認したが、それでは段落の始まりはどうなっているのか、ということがこの項のテーマである。

一般的には段落は１字下げで始められる。この場合、全角スペースを１字分入力するのが基本である。半角スペース２個というのをよく見かけるが、これは間違いのもとである。もちろん詩のように天付きで始まる場合や、引用のように前後１行アキの２字下げで始まる場合もある。引用の場合、行頭に２字分のスペースを入力してもよいし、タブをひとつ入れておいてもよい（わたしの場合は引用の始めに〈引用〉、終りに〈/引用〉と入力することにしている）。印刷所に入稿するときに、これらの記号に挟まれた段落はすべて２字下げにしてくれるよう指示するだけでいいのである。

また、カッコ類やパーレンで始まる段落の場合もあるが、この場合は通常、スペースを入れずにそのまま全角で入力する。これらの約物は全角下付き（横組みでは右付き）になっているので、見た目で半角スペースが入っているように見えるから、最近では行頭にスペースを入れずに入力するのが普通である。全角スペース＋約物だと１字半アキで下がりすぎになってしまう。また、たまたま前の文章が行末にきてしまったときなど、改行があるのを見落とされるのではないかと心配することもない。データに段落末の改行マークさえしっかり入っていれば、レイアウトが変わっても改行は生きているので、この約物が前の文章につなげられてしまう心配はないからである。

ただ、むかしのワープロ専用機を使っている場合、行末に句点がくると、改行マークを打てない場合がある。ぶら下げ改行ができないからで、改行を入れると１行アキになってしまうという不都合が生ずる。その場合はやむをえないので、【ここで改行】とでも入力しておくほうが間違いない。

それからWordのようなワープロ・ソフトを使っているひとはとくに気をつけてほしいのだが、3-1でも述べたように、オートインデントというやっかいな機能があり、これをオプション設定でオフにしておかないと、行頭スペースの入力さえもできない。Wordの使用はここでも厄介な仕事をしてくれる。

3-3　スペース、タブの使い方

3-3-1　無用なスペース、タブは使わない

段落の始めは通常は全角スペース１字分、終りは改行マークという基本はこれまでの記述で明らかになったと思う。

しかしながら、著者は出版社に原稿を渡す前段階で自分なりのレイアウト・イメージをもちたがる傾向が強い。タイトル見出しや引用文、折り返しのある文章の字下げ処理などを画面上あるいはプリントアウト原稿上で実現してみたいと思いがちである。無理もない。これまでの手書き原稿時代にくらべると、印字もふくめてはるかに出版物の最終形態に近いものが可視化できるようになったのだから。かく言うわたしなども初めてワープロを買ったころは、文章をさまざまな形態に組んでみて悦に入ったものだった。当時やっていた個人誌の版下をそれでまかなったこともある。

しかし出版を目的とする著者ならばそうしたアマチュア的なレベルからはそろそろ卒業してもらわなければならない。だからこそこのマニュアルが書かれる必然があるのだが、著者にとってなにが必要でなにが必要でないかをよく理解してもらいたい、というのがわたしのこ

こでのモチーフである。印刷所の編集機で容易に実現できることをなにも著者がやる必要はないばかりか、かえって無用な手間がかかったり無意味だったりすることがいろいろあるのである。

よくある間違いは、すでに指摘したことだが、たとえば文章の引用をするときなどで、著者が1行40字で設定していたとすると、最初の2字分のスペースのあとに1行折り返すごとに2字分のスペースを入力するような場合である。これではひとつの段落のなかに38字ごとに2字分のスペースが入っているデータになってしまう。このデータをかりに1行42字とか45字の組みにしようとすると、おかしなスペースが規則的に入ってくるのがわかるだろう。こうしたインデント的な処理は著者の原稿段階ではまったく必要ないのである。

タイトルの置きかたなどのイメージ実現のために適当にスペースやタブを入れてみるひともいる。これもどうせ編集者の割付けによって変更されてしまうのだから、見出しの頭にタブのひとつでも入れておけば十分なのである。たとえば【中見出し】などのようにコメントを入れておくのもよいだろう。また戯曲の場合などの登場人物とセリフのあいだにタブを入れてスペースの代用にしてみたりするでたらめな使用もよくある。1字アキの必要なところにスペースを入れる以外、無用なスペースもタブも入れないのが大原則である。

3-3-2　必要な半角スペースもある

前項で無用なスペースやタブは使ってはいけないことを強調した。実際、いわゆる空行（文字データがなにもない行、つまり行アキ）の部分にさえ、なんだか意味不明の全角や半角のスペースやタブが入っている原稿ファイルなどザラにあるぐらいで、こんなことはいろいろな著者や訳者の原稿ファイルを開いてみるといくらでも経験することである。

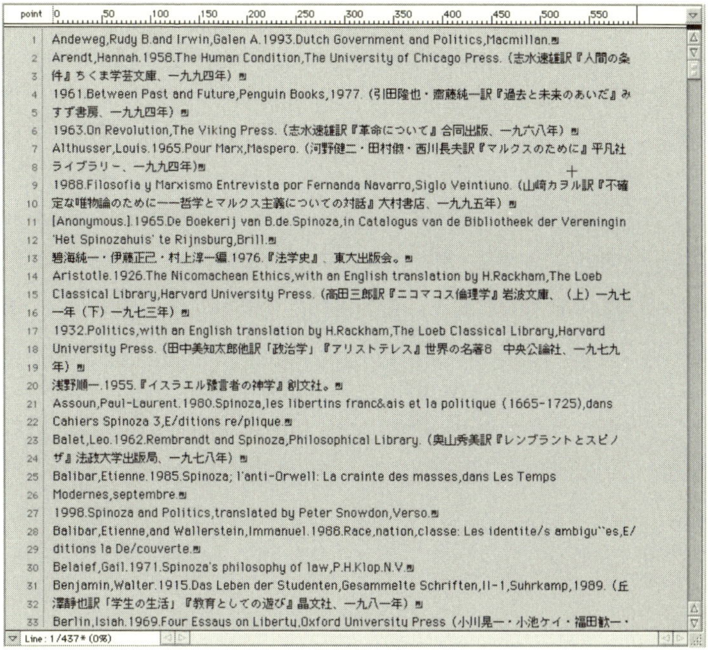
point 0 50 100 150 200 250 300 350 400 450 500 550
Andeweg,Rudy B.and Irwin,Galen A.1993.Dutch Government and Politics,Macmillan.
Arendt,Hannah.1958.The Human Condition,The University of Chicago Press.（志水速雄訳『人間の条件』ちくま学芸文庫、一九九四年）
1961.Between Past and Future,Penguin Books,1977.（引田隆也・齋藤純一訳『過去と未来のあいだ』みすず書房、一九九四年）
1963.On Revolution,The Viking Press.（志水速雄訳『革命について』合同出版、一九六八年）
Althusser,Louis.1965.Pour Marx,Maspero.（河野健二・田村俶・西川長夫訳『マルクスのために』平凡社ライブラリー、一九九四年）
1988.Filosofia y Marxismo Entrevista por Fernanda Navarro,Siglo Veintiuno.（山崎カヲル訳『不確定な唯物論のために――哲学とマルクス主義についての対話』大村書店、一九九五年）
[Anonymous.].1965.De Boekerij van B.de.Spinoza,in Catalogus van de Bibliotheek der Vereningin 'Het Spinozahuis' te Rijnsburg,Brill.
碧海純一・伊藤正己・村上淳一編.1976.『法学史』、東大出版会。
Aristotle.1926.The Nicomachean Ethics,with an English translation by H.Rackham,The Loeb Classical Library,Harvard University Press.（高田三郎訳『ニコマコス倫理学』岩波文庫、（上）一九七一年（下）一九七三年）
1932.Politics,with an English translation by H.Rackham,The Loeb Classical Library,Harvard University Press.（田中美知太郎他訳「政治学」『アリストテレス』世界の名著8　中央公論社、一九七九年）
浅野順一.1955.『イスラエル豫言者の神学』創文社。
Assoun,Paul-Laurent.1980.Spinoza,les libertins franc&ais et la politique（1665-1725),dans Cahiers Spinoza 3,E/ditions re/plique.
Balet,Leo.1962.Rembrandt and Spinoza,Philosophical Library.（奥山秀美訳『レンブラントとスピノザ』法政大学出版局、一九七八年）
Balibar,Etienne.1985.Spinoza; l'anti-Orwell: La crainte des masses,dans Les Temps Modernes,septembre.
1998.Spinoza and Politics,translated by Peter Snowdon,Verso.
Balibar,Etienne,and Wallerstein,Immanuel.1988.Race,nation,classe: Les identite/s ambigu``es,E/ditions la De/couverte.
Belaief,Gail.1971.Spinoza's philosophy of law,P.H.Klop.N.V.
Benjamin,Walter.1915.Das Leben der Studenten,Gesammelte Schriften,II-1,Suhrkamp,1989.（丘澤静也訳「学生の生活」『教育としての遊び』晶文社、一九八一年）
Berlin,Isiah.1969.Four Essays on Liberty,Oxford University Press（小川晃一・小池ケイ・福田歓一・
Line: 1/437*(0%)

図7

そういう実情のなかで、じつは入力の必要な半角スペースが存在するということ、混乱するひともでてくるかもしれない。しかし原則的には欧文のなかでしか使われないことをまずは認識しておいてほしい。後述するように、欧文は半角英数文字で入力するのが原則である。したがって欧文の単語と単語のあいだ、コンマやピリオドなどのうしろにも半角スペースを入力するのが正しい。

通常、入力モードが英数モードになっていれば、自然にスペースを打てば半角になるはずである。しかしなかにはわざわざ全角スペースを入れてくれるひとがいるから、こうしたあたりまえのこともきちんと指摘しておかなければならないのである。原稿入力の基本と思われるものが意外に認識されていない一例であろうか。

さて、問題は単語と単語の区切りばかりではなく、たとえば句読点(欧文ではピリオド、カンマ、コロン、セミコロンなど）のあとに半角スペースを入れるという原則が守られていないことがあまりに多いことである。これはWordなどのワープロ・ソフトを使っているひとによく見かけることだが、ワープロには「カーニング」という機能があって、たとえばページ数をあらわす「p.」のあとに半角スペースなしで半角数字を入力しても、見た目では（画面上でも印刷上でも）適度にアキがあってきれいに見えるように工夫されている。たとえば「p.123」と入力しても「p. 123」というふうに見えるという機能である。しかしこれがまやかしの機能であるのは、データをテキスト保存するとこの見かけのよさは消失し、半角英数文字がベタでくっついてしまうことでわかる。【図7】つまりこれは同じWord上でファイルをやりとりするときにしか通用しないローカルな機能だということである。

出版に必要なのは、あくまでテキストファイルであり、入力した文字データ（半角スペースも文字の一種である）しかデータとしては実在しないという峻厳な原則がここでも生きているのだ。

3-3-3　タブの使用は特殊な指定にかぎる

スペースと似たようなキーにタブというキーがある。しかし前述したように、これはスペースキーの代用にしてもいいものではなく、原稿を書くだけならふだんは使わないキーのひとつである。むしろ表計算ソフトで別のセルに移るときとか、印刷やページの設定、単語登録や検索・置換などの処理のときに使われるきわめて重要なキーであって、こうした処理をするときにはスペースキーにはない重要な役割をもっている。

ただ、原稿を書くときにはほとんど不要であるとはいっても、別の使い方が可能である。全角・半角のスペースとはちがって、タブは一種のジャンプの機能であって、ひとつのタブは設定された桁数分を移動することができる。もちろん、設定はアプリケーションごとに自由に変更できる。通常はデフォルトで８桁（全角４字分）に設定されている。つまりこれで８ビット＝１バイトのデータになっているのである。

とにかくタブを使うということは、タブの前後の文字列に特定の意味を与えることができるということである。たとえば、１行アキのあとの引用文のはじまりにタブを挿入することで、以下の文字列が引用文であることを示すことができる。あるいは行末揃えの文字列なら行頭にタブを２つ入れるなどして、他の文字列と区別することもできる。あるいは小見出しの前などにもタブを入れることによって、そうした特殊な文字列の意味を強調することができるのである。

もちろん、一般的な用法としてタブにそうした意味づけがあるわけではまったくない。これはあくまでもひとつの入力上の決めごとであって、たんなるスペースではなく、編集上のなんらかの処理を要求するものであると言ってもよい。タブの使い方は著者各自が自由に決めればいいのであって、ただそれがひとつの基本的なルールにしたがって厳密に適用され、たとえば編集者に原則を説明できさえすればいいのである。

わかりやすく言えば、スペースは原稿の一部だが、タブは原稿の内容ではなく外形にかかわるものであり、編集行為をあらかじめ取り込んだ入力の方法のひとつなのである。もちろん編集者とのあらかじめ共通のルールが確定されていれば、著者の意向は入力の仕方をつうじて編集者に伝わるのである。ここにはすでに編集行為を先取りした原稿入力のスタイルへの意識化の萌芽があると言えよう。こういうことが面倒だったらタブを使わないというのが本来の入力の基本であることに変わりはない。

3-4　数字の使い方

3-4-1　英数文字は半角が基本

それではいよいよ基本的な文字入力の技法について触れていくことにしよう。

まず最初に確認しておくべきことは、われわれがここで論じているのは日本語という特殊な言語の問題だということである。つまり英語をベースに発展してきたコンピュータ言語にとって日本語という2バイト文字群の処理問題はあくまで例外的だという基本認識からスタートしなければならないということである。

つまり、すでに述べたように、英語を基本にするコンピュータにとって英数文字（ANK文字＝Alphabet［英字］、Numeric［数字］、Kana［カナ］）1文字は8ビット＝1バイトの二進法数列のどこかに収まるのにたいして、漢字（ひらがなもふくむ）のように膨大な語彙数をもつ言語は必然的にひとつの文字に16ビット＝2バイトの数列が与えられざるをえない。簡単に言えば、日本語のような特殊な言語環境とはちがって、欧米ではコンピュータは原則的に1文字1バイトという簡単な原理で動いているのである。

そうした基本認識にもとづいて、とりあえず英数文字の入力のしかたから論を進めなければならないのが現実なのである。

そしてなによりも英数文字の入力は半角でなされるというのが基本原則である。翻訳書や欧米文献が頻出する原稿を書くひとはこのことをぜひ認識してもらいたい。もちろん、単語間のスペースもそれにともなって半角となる。そして既述したように、ピリオド、コンマ、コロン、セミコロンといった記号やそのうしろのスペースもすべて半角である。文字列の挿入などのときにうっかり全角で入力するようなことのないように気をつけなければならない。モニタ上では横組みなので見分けがつきにくいが、縦組みで出力してみれば全角の文字だけ縦になってしまい、横倒しになっている半角英数文字列のなかで異様な体裁になることがわかる。実際、こうした全角半角混在の英数文字を入力してしまうひとが、うっかりもふくめて非常に多いのである。

これにはまた例外もあることをつけくわえておこう。和文脈のなかで外国人名のイニシャルや組織の略語などを示す場合がそれである。「M. ウェーバー」や「NHK」ではなく「Ｍ・ウェーバー」「ＮＨＫ」と表記する（これを和字扱いと呼ぶ）。こうした特殊な場合、全角英数文字のイニシャルのあとも半角ピリオドでなく全角中黒であることにも注意しておきたい。

3-4-2　記号の時計数字と丸付数字は使わない

出版のためのテキストデータ作成のときに注意しなければならないことのひとつは、特定のOSやアプリケーションにのみ対応する機能や記号類は使ってはいけないということである。ワープロ・ソフトにおけるルビや圏点、脚注などはもちろんのことだが、数字の使い方という観点からよくある間違いは、時計数字（ローマ数字）や丸付数字を必要以上に使うことである。

これらの文字は頻度はそれほど多くないが、主としてワープロ・ソフトなどで見かけをよくするためや、とくに理由はないがいくらかものめずらしいために使われているフシがある。記号としての時計数字は縦書きになっても１字分の幅にバランスよく整形されているし、丸付数字も20までは記号として登録されている。

しかし、ここで考えようとしている出版のためのテキスト実践技法という観点からは、これら記号類の使用は極力避けるべきなのである。出版のための原稿としてはなにも美しく仕上がっている必要はない。文字化けになりそうな無駄な記号の使用はなるべく避けたほうがいいという実践的な意味をもっているにすぎない。なぜなら、これら記号としての時計数字や丸付数字はOSによって文字コードがちがう(*)ために、テキスト変換したときに文字化けしてしまうからである。

それではどうするか。時計数字はI(1)、V(5)、X(10)、L(50)、C(100)……の半角アルファベットの組合せで十分なのである。たとえば、18とか59という数字を表わすには【XVIII】、【LIX】というように合成して【　】にはさみ、欧文文字列との混同を避ければいい。文字が幅をとりすぎようが、見てくれが悪くなろうが、いっこうにかまわない。要は、印刷所に入稿するときにオペレーターとのあいだに文字列変換の確認さえできていればいいだけの話だからである。ただし、日本語文脈のなかでのみ、I、V、X、L、C……の全角使用は可能である。

同様に、丸付数字の場合は、丸カッコなどで代用すればいいのではないだろうか。とくに丸付数字などは時計数字にくらべれば使う必然性もすくないし、どうしても使いたければ、たとえば○15とでもしておけばいい。

つまり、ここでも言えることだが、文字データとしての互換性、普遍性が問題なのであって、一時的な見かけのよさなど、出版のための原稿にとってなんの意味もないのだという原則はここでも生きているということである。

(*) たとえば時計数字のIのJIS番号はWindowsでは932BだがMacintoshで

は2A21であり、丸付数字の①はWindowsでは2021だがMacintoshでは2921といった具合である。

3-4-3　漢数字への変換の必要

いろいろな数字の使い方があるとはいえ、なんといっても日本語で書かれる以上、最終的に縦書きで印刷されることを想定して入力されなければならない。入力画面上では原則的に横組みなので見た目はそんなに異和感がないので、慣れないひとはあまり自覚しないが、やはり算用数字が連続して出てきたり、数字をふくんだ熟語となっているもの（たとえば、第一、一種、一人、など）に漢字が使われていないと、なんともだらしのないものになってしまう。

もっとも最近は、本書もその性格上そうだが、横組みで印刷される本が多くなってきたこともあって、ますますこういう問題は意識されなくてもすむようになりつつある。それどころか、横組みだからといって、わざわざ熟語のなかの数字まで算用数字（さきほどの例でいえば、第１、１種、１人）に変える著者や編集者も出てきているぐらいだ。

とにかく西暦や年月日、世紀などの数字を示すのに、全角算用数字や半角数字などを（しかも混在させて）平気で使っているひとが多いのにはあきれるほどである。この原稿がそのまま本になった場合、西暦などは全角数字が縦並びで最大四字までつながってしまうし、半角数字は横に寝てしまうのである。そういう数字は編集者や印刷所が自動的に直してくれるとでも思っているのだろうか（もっともこれを自動的に一括処理してしまう編集上の大技はあるのだが、「編集篇」で紹介したい）。

すでに述べたように、数字は欧文では原則的に半角だが、日本語では全角漢数字に変換することが基本だといって過言ではない。ついでに言えば、数字の使い方とも連動するが、句読点は日本語では「、」と「。」であり、欧文では半角の「,」と「.」であることも注意してもらいたいことのひとつである。

ともかく日本語文脈のなかで算用数字が出てくる必要は本来はあまりないはずなのである。横組みのモニタ画面上で、たとえば一二三四年と入力するよりも、１２３４年または1234年と入力するほうが見た目がいいように思うかもしれない。しかしそれはまだ書き手が日本語の出版物の著者になるための基礎的なトレーニングができていないことを示すにすぎない。何度もいうが、原稿の入力は最終的な仕上がりを想定してなされないかぎり、無駄になることが多いのである。

3-4-4　世紀、年月日等の表記統一の原則化

これまでのところで英数文字は原則的に半角、それ以外の数字は特殊なものをのぞき日本語では漢数字にすべきものが多いことを述べた。ここでもうひとつの問題が生じる。日本語では数字の単位を表わすのに一、十、百、千、万、億……という表記が存在する。漢数字を単純に並べる場合とこうした桁の数字を加えて表記する場合と二通りがある。これらの使い方にはとくに基準のようなものはないのが現状である。

ただ、それらの表記は基本的には読みやすさと慣習という基準に従っていると言える。たとえば、西暦一九九九年を千九百九十九年と表記するひとはほとんどいないだろう。これらは慣例的使用法でもあると同時に読みやすさから言っても当然の表記法だが、さらには二〇〇〇年を二千年と表記する場合に生じるかもしれない誤解（時間の長さを示す二千年間という意味での二〇〇〇年）を避けるためにも必要な表記である。

しかし、同じ時間を表わす表記法でもいろいろな基準が成立する場

合がある。ひとつは元号付きの年号、月日、年齢などの場合、それらをどう表記するかはかなり自由である。たとえば、平成十一年十一月十一日というふうに表記するか平成一一年一一月一一日と表記するかは書くひとの自由である。これはもうほとんど美学的な問題かもしれない。わたしは原則的に前者、つまり「トンボの十」と呼ばれている桁数を明示する方法をとるが、それはこうしたものの場合、原則的に三桁以上になることがすくないためと読みやすいと思われるからである。なぜなら、十一とは自然にジュウイチと読めるが、一一の場合は自然に読むとイチイチとなってしまい、前後の文脈からの読み方の判断を読者に強いるからである。しかも一の文字が並んでしまい、読みづらい。

それと同じことが、世紀や年齢の表記についても言える。一一世紀ではなく十一世紀にしたほうが読みやすいということである。ただ、二十世紀まではよかったが、二十一世紀に入ったいまになってみると、ほかの世紀表記にくらべて１字ふえてしまうという難点があらたに生じてきている。

こうした表記の一般性はともかく、問題は自分なりの表記法をしっかり決めて文章を統一しているひとがあまりにも少ないという現状である。書き手の意識化をこのさい強くお願いしたい。

3-5　記号の使い方

3-5-1　ルビ、傍点、欧文特殊文字の扱いは記号による指示でよい

出版のための原稿はすべてテキストファイルであり、その作成にはワープロによるよりも最初からテキストエディタを使うべきであるというわたしの持論はこれまで何度も述べた。しかしプレーンなテキス

トデータを作成するだけで事足りるわけではない。

その代表的なものが、ルビであり、圏点（傍点）であり、欧文特殊文字である。ほかにゴチックやイタリックの指定もある。時計数字（ローマ数字）や丸付数字についてはすでに「数字の使い方」のときに触れたように、ほかで代用が利くからここでは触れない。

さて、これらの問題にどう対処すべきか。端的に言って、テキストファイルでこれらを実現することはできないので、これもある種の記号の組合せで代用するしかないのである。現在、日本規格協会という団体で発行している「日本語文書の組版指定交換方式 JIS X 4052:2000」（*）という印刷のための業界標準づくりが進展中であるが、そのなかにルビ、圏点、イタリックの指定方式の試案が提起されている。あまり馴染みのない方式だが、いずれ標準化されるべきものとして入力のさいに取り込んでいく必要があろう。

これらに準拠してとりあえず指定方式を確定していこう。ただしこの方式も印刷所の現場ではうまく対応できないことが判明している問題もあるので、その改定案をあわせて提示しておきたい。記号は間違いやすいので JIS 記号で指定しておく。

◆ルビ指定は対象文字列（親文字）の前に＿^（全角アンダーライン［JIS 記号 2132］＋半角キャレット［JIS 記号 005E］）を入力し、親文字のうしろにルビ文字を【　】に入れ、最後に^＿を入力。親文字に対応するルビを個別に指定する場合はこの形式をくりかえす。例＝＿^親【おや】^＿＿^文【も】^＿＿^字【じ】^＿＿^列【れつ】^＿。

それ以外の特定する必要のないルビはグループルビと呼び、１セットで用が足りる。例＝＿^記号【サイン】^＿、＿^記号作用【シニフィケーション】^＿。

◆圏点指定は文字列の前に＿¨（JIS 記号 212F)、うしろに¨＿を入れる。例＝＿¨圏点¨＿。

◆イタリック指定は対象文字列のまえに＿￣（全角アンダーライン＋全角オーバーライン［JIS記号2131］）を、うしろに￣＿を入力する。例＝＿￣underline￣＿。

ゴチック指定、欧文特殊文字の指定はいまのところ「日本語文書の組版指定交換方式」には提起されていないので、とりあえずわたしの方式を紹介したい。

◆ゴチック指定＝文字列を¶［JIS記号2279］と♪［JIS記号2276］ではさむ。例＝¶ゴチック♪文字。

◆欧文特殊記号は特定の文字の組合せにする。

アクサンテギュー é/á/ó/ý/É など→ e'/a'/o'/y'/E' など［' = JIS記号0027］（l'、s' などの子音との組合せのときは通常のアポストロフィとして使用）

アクサングラーヴ è → e`［` = JIS記号0060］

アクサンシルコンフレックス â/î/û/ê/ô → a^/i^/u^/e^/o^ など［^ = JIS記号005E］

c セディーユ ç → c&［& = JIS記号0026］

ウムラウト ä/ï/ü/ë/ö/Ä/Ö など→ a``/i``/u``/e``/o``/A``/O`` など［` = JIS記号0060を2つ］

エスツェット ß → &&

合成文字 œ/æ/Œ/Æ → o&e/a&e/O&E/A&E

ギリシア語、ラテン語等の長音記号ē/ōなど→e￣/o￣など［￣＝JIS記号2131］

上付き文字 N° → N%o%

下付き記号（添え字）H_2O → H2O

これらはいずれも変更可能だが、文章内の文字列と紛れないようにすることが絶対必要だ。

(*) 日本工業標準調査会の審議を経て、通産大臣が制定した日本工業規格(2000年10月20日制定)。

3-5-2　記号使用の原則いくつか

原稿を入力するうえで、さまざまな記号の使用は避けられない。文字入力以外に記号類というのはいろいろあるのであり、それらには原則的な使用法があるべきだ。そのいくつかをここで確認しておきたい。

その第一は、日本語においては記号類は全角を使用するのが原則であることである。括弧類はなかに半角にできるもの――「」、[ ]、() など――があり、各種記号もほとんど半角入力が可能である。しかしこれらは、欧文などにおいてとくに必要な場合以外は全角にしておくのが無難である。これらの記号が2つ重なる場合でも、印刷所の編集機では2分詰めが自動的にできるようになっているので心配はない。(*)

第二に、これも記号の一種だが、音引き記号ー［JIS記号213C］とダッシュ記号—［JIS記号213D］、マイナス記号－［JIS記号215D］、-［JIS記号213E］を混用するひとがけっこう多い。とくにマイナス記号を入力すると縦組みにしたときに横に出力されてしまう。これは気をつけてほしい間違いのひとつである。

第三に、全角ヤマ括弧〈〉［JIS記号2152、2153］の代わりに不等号＜＞［JIS記号2163、2164］、または半角の<>を使うひとがよくいるが、これも間違いである。この〈　〉は通常「かっこ」と入力して変換すれば出てくる。

第四に、日本語の句読点には「。、」を用い、欧文用の「.,　.,」は使わないように注意することが必要である。これらは縦組みにすると左右逆の位置にくるからおかしなことになる。これらは日本語変換ツ

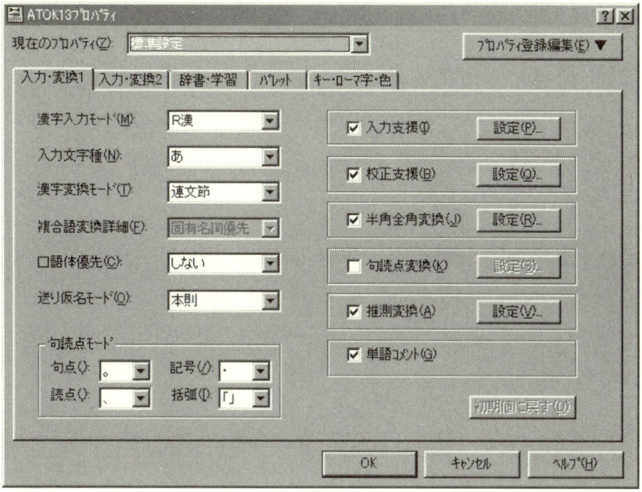

図8

ールの設定で簡単に修正できる。(**)

第五に、文中の挿入句や中略の記号は原則的に——（ダッシュ記号2個）および……（3点リーダー［JIS記号2144］2個）を使う。よく記号1個だけですませるひとがいるが、これは紛らわしいので､2個ずつ入れるのが正解である。また挿入句（——）にはマイナス記号や音引きを2個つないだりするひとがいる。中略記号（……）には中黒や2点リーダーを「・・・」「‥‥」としたりするひともいる。いずれも適切でない。

第六に、同格表現的な全角内2分ハイフン、2分ダブルハイフンはマイナス記号「－」および半角の「=」を使用する。これらは印刷段階で正規のものに変換されるよう指定する。

ほかにもいろいろあるが、ここでは代表的なものにとどめる。あとは各自の方法の問題である。

(*) 半角の「」[] () などは文字ピッチが違うのでこれらを組み合わせても正確に2分詰めにはならない。

(**) ATOKの設定では「プロパティ」(Macintoshの場合は「環境設定」) を開き、「入力・変換1」タブの句読点モードの欄で「句点」を「。」に、「読点」を「、」に、「記 号」を「・」に、「括 弧」を「「」」に 設 定 す る。【図8】 ま た Macintosh専用と言ってもいいEGBRIDGEの設定ではやはり「環境設定」を開き、「入 力」タ ブ の「句 読 点」欄 の「句 読 点」を「。、」に、「記 号 キ ー」の「「」・ー¥」を選択する。

3-6　表記の基本的統一

3-6-1　漢字の使い方は厳密にしよう

そろそろこの原稿入力のためのマニュアルも佳境に入ってきたのかもしれない。実際のところ、著者の入力のための基礎知識はそれほど多くは必要でない。したがってこれまで述べてきたものは考えてみれば、特殊なものを除けばあたりまえのものばかりであろう。

しかし著者はふつう特定の入力方法しか実践しないため、自己流になりがちである。それに出版のために必要な入力方法の適切なマニュアルがこれまで存在しなかったためにずいぶんと無駄なことをしてしまっているケースがほとんどである。むしろ簡単なことで、もっと注意してもらわなければならないことがおろそかにされている。元の原稿がしっかりしていればいるほど、あとの編集処理にムダが少ないことはいうまでもない。

そのうちの最大のもののひとつが、漢字表記の不統一であり、さらにはいたずらに漢字を使いすぎることである。

わたしの経験から言うと、文学や哲学にかかわっているひとほど、社会科学系や理系のひとにくらべて、こうした表記にかんして自覚的であり、厳密な表記法を身につけているひとが多い。

あることばを漢字で書くか、ひらがなで書くか、あるいはそれ以外の特殊な表記を用いるかはたんに技術だけの問題ではない。言うまでもなく、ことばの展開そのものが意味の深さ、複雑さや多義性を生み、論理の構造の強度をつくりだす。強靱な思考は強力な文体を生むのだし、その逆も真である。使いこなしていない生硬な用語などは、たんに理解しにくいだけでなく、著者の思考の脆弱さを表わすことになる。

それはともかく、ここでは読みやすさという観点と、本来の意味使用という点からの漢字の使い方／開き方についてのみ言及しておきたい。

まずは読みやすさから。たとえば、「Aは（……）行った」という表記は、移動の意味でなら問題ないが、行為するという意味をもたせようとすると、読み方に一瞬のとまどいを起こさせることになる。できればこの場合、「行なった」とするか「おこなった」としたほうがいい。また「後に」というのも「あとに／のちに／うしろに」の読みが可能であり、できればそのつどどれかに特定した表記をすることが望ましい。「上る／上がる」などもあり、紛らわしい読みが可能な場合はあらかじめ読みを特定する表記法が意識的にとられるべきではなかろうか。（巻末の「編集用日本語表記統一基準」を参考にしていただきたい。）

3-6-2　漢字の開き方の意識化

日本語表記においては、同じことを示すのに漢字で書くか、ひらがなに開いて書くかという特殊な問題がある。このことは、ひとの書いたものを読んでいるぶんには、たんに読みやすいか読みにくいか、その漢字が読めるか読めないか、といった問題にすぎないが、書き手にとっては重要な問題である。

最近の一般的な識字能力の低下を考えると、ある程度は特別なものをのぞいて漢字をひらがなに開いていく傾向があるように思う。以前のように、書ける漢字は全部漢字にするというような硬直した姿勢は、一部をのぞいてさすがに見られなくなってきた。おおむね読みやすさのほうに流れているようだ。こういう傾向を全面的に支持するわけではないが、やむをえないことだと思う。

それはともかく、著者はみずからの漢字の使用法＝漢字の開き方には意識的であってもらいたい。前項でとりあげたように、紛らわしいものはなるべく開くというのが一般的であろう。

ひとつ指摘しておきたいのは、どうせ漢字を使うなら、その漢字本来の意味と比喩的・派生的な意味によって使い分けるような気配りが必要だということである。たとえば、「意識を持つ」「希望を持つ」というような場合の「持つ」は「コップを持つ」というような本来の使用法とはちがうので、ひらがなにしたほうが読みやすいと思われるがどうだろうか。同じように「こういう考え方で行く」とか「そんなふうに生きて来た」というような場合の「いく」「くる」というのも本来の意味ではないので漢字にしないほうがいい。こうしたものまでいちいち漢字にするから、漢字だらけになってしまうのである。

さらにもうひとつ考えておきたいのは、送りがなの問題である。現在の日本語の送りがなの原則は「本則」または「全部送る」というダブル・スタンダードになっている。たとえば「起こす」に「こ」を送るか省略するかという例を挙げれば、いずれも可である。要するに基準が曖昧なのである。ただ最近の傾向としては「全部送る」ほうが多くなってきて、いくらか読みやすくなってきているように思う。

複合語になるとこの問題がより顕在化する。「引き起こす」という動詞は送るが、「引起し」という名詞形は省略が普通となっている。

これも厳密な規定ではないが、できれば原則的に動詞は「送る」方向で考えたらいいだろう。

こうした漢字表記にかんする実例は膨大にあり一覧表にするのは大変だが、現在の文章表現において一般的かつ主要と思われるものにかんしては巻末の「編集用日本語表記統一基準」を参照してもらえればありがたい。著者は一冊の本の原稿を仕上げるときに、この基準にもとづいてみずからの表記の基準を確認してもらいたい。エディタの一括検索・置換の機能を使えば簡単に修正できるし、もちろん確認しながらひとつひとつ修正することもできるのである。これもまた「編集篇」でくわしく述べるが、こうした一連の表記の統一をテキスト一括処理プログラムによってあっという間に直してしまう驚くべきツール（たとえばSedMac）もあるのである。

3-7　検索と置換の技法

3-7-1　表記のブレだけでも直したい

原稿が書物としてまとめられるとき、その成り立ち方にはさまざまなケースがある。一気に書き下ろされることもあるだろうし、比較的短期間に連載されたものをまとめて一冊にすることもある。また専門的な研究書のような場合、長期間にわたって蓄積された成果にあらためて章立ての構成を考慮しつつ手直ししていくというようなケースも多い。いまでこそパソコン入力するようになっていても、以前の原稿は活字化された原稿だったり、ときには手書きのままだったりするものもある。いずれにせよ、本を構成していく原稿の執筆時期が異なったり、発表するメディアによって書き方が制限されていたりすることもある。そうしたさまざまな条件にもとづいて書かれた原稿が集まって本になるようなことも少なくないのである。

問題はこうした原稿の場合、前述した表記の不統一などはまず起こらないはずはないのが実情である。どんなに文体や表記の問題に意識的な書き手であっても、かならずなにがしかの表記にたいする好みの幅というか変動のようなもの、言ってみれば表記のブレが存在するのである。わたしのささやかな経験からしても、若いときの文章は比較的漢字が多く生硬だったし、数字の使い方や送りがなの原則などはいまとかなりちがっている。どちらがいいかはいちがいに言えないにしても、すくなくともいまだったら使わないような表記のしかたをむしろ一般化していたようなことはかなりある。

そういう意味で、いろいろな時期や条件のもとで書かれた原稿を一冊の本に編集しようとする場合、あるいはもっと単純に、同じ原稿のなかでもさまざまな表記のブレが存在するのを、できればきちんと統一しておきたいと思うのはある意味で当然の配慮ではなかろうか。自分のことを指すのに「私」だったり「わたし」だったりするのはどうか。そういうことをあまり気にしない著者（と編集者も）がけっこう多いのは歴然たる事実であるが、わたしの場合はどうも気持が悪いのである。外国人名などの場合に同一人物がいろいろちがった表記になっていたのでは具合が悪いだろう。一例を挙げれば、これは実際に経験した例であるが、「マキャベリズム」の起源となったイタリア・ルネサンス期の一政治家の表記が同じ本のなかで「マキャベリ／マキャヴェリ／マキャヴェッリ／マキアベリ／マキアヴェリ／マキアヴェッリ／……」といろいろ出てきてははなはだまずいのである。それが専門書だというならなおさらだ。これほど目立つ例ではないにしても、こうしたことは翻訳書などの場合でもよく起こることである。こうした本の（そして著者や編集者の）名誉にかかわるような最小限の不統一は直しておきたい。

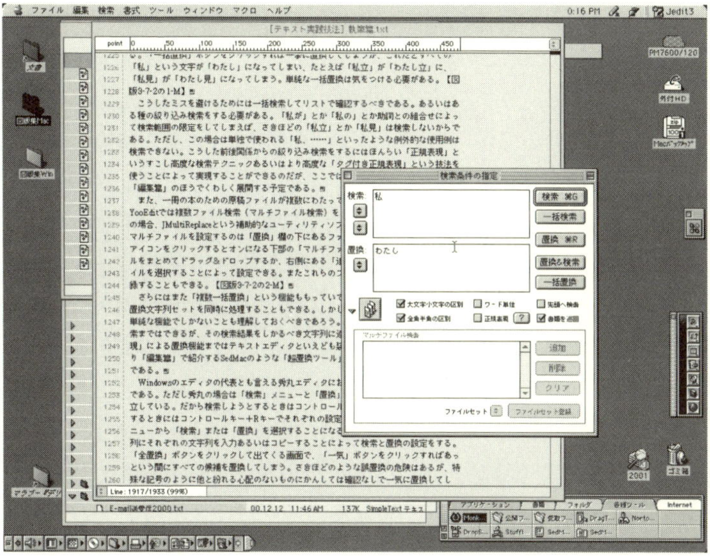

図9

3-7-2　テキストエディタによる検索と置換の基本テクニック

ここでは本格的な一括処理の技法は「編集篇」のほうにゆずって、簡単な技法だけでも紹介しておこう。お手軽で便利なやりかたはテキストエディタの検索・置換機能を使ってある文字列を検索し、他の文字列に一括で置換することである。たとえば、さきほどの例で言えば、「私」と「わたし」が混在してしまった原稿があるとして、それを「わたし」に統一したいというようなケース。その手順を以下に記しておこう。

通常、検索条件を設定する画面を呼びだすのは、メニューバーのなかにある「検索」メニューからプルダウンメニューで「検索」とか「検索条件…」を選択する。Macintosh の Jedit や YooEdit といったエディタの場合、コマンドキーとFキーを同時に押すことでこのメニューを呼びだすことができる。そこで呼びだされた「検索条件の指定」画面の「検索」欄にこの場合は「私」と入力し、その下の「置換」欄に「わたし」と入力する。ここであらかじめ検索・置換したい文字列をコピーしておいてから検索メニューを開き、「検索」欄にコピーすることでも検索文字列をいちはやく設定することができる。そして「大文字小文字の区別」と「全角半角の区別」のラジオボックスには原則的にチェックを入れておく。ファイルの途中から検索をはじめて一巡しようとするときには「書類を巡回」のラジオボックスにもチェックを入れておく。あとは「一括検索」ボタンを押して検索文字列の一覧を見ることもできるし、一個一個確認しながら置換したりしなかったりすることができる。その場合は「置換」ボタンをクリックする（Command+R でもよい）か、パスする場合は「検索」ボタンをつづけてクリック（Command+G でもよい）すれば次を検索する。また確認しながら「置換&検索」ボタンをクリックしていくことで置換と次の検索のふたつの作業を一度におこなうこともできる。「一括置換」ボタンをクリックすれば一挙に置換してしまうが、これだとすべての「私」という文字が「わたし」になってしまい、たとえば「私立」が「わたし立」に、「私見」が「わたし見」になってしまう。単純な一括置換は気をつける必要がある。【図 9】

こうしたミスを避けるためには一括検索してリストで確認するべきである。(*) あるいはある種の絞り込み検索をする必要がある。「私が」とか「私の」とか助詞との組合せによって検索範囲の限定をしてしまえば、さきほどの「私立」とか「私見」は検索しないからである。ただし、この場合は単独で使われる「私、……」といったような例外的な使用例は検索できない。こうした前後関係からの絞り込み検索をするにはほんらい「正規表現」というすこし高度な検索テクニック、あるいはより高度な「タグ付き正規表現」という技法を使うこと

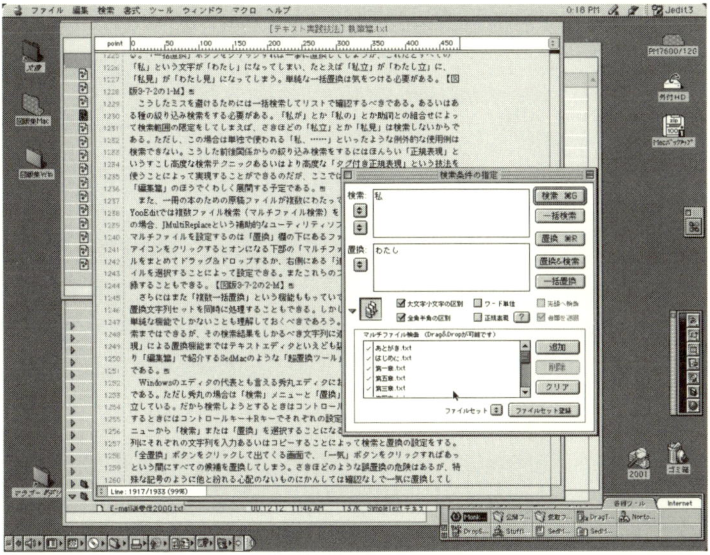

図10

によって実現することができるのだが、ここではまだ深入りしない。

また、一冊の本のための原稿ファイルが複数にわたっているような場合、Jedit や YooEdit では複数ファイル検索（マルチファイル検索）をすることができる。マルチファイルを設定するのは「置換」欄の下にあるファイルが三つ重なったような形のアイコンをクリックするとオンになる下部の「マルチファイル検索」画面のなかにファイルをまとめてドラッグ＆ドロップするか、右側にある「追加」ボタンをクリックしてファイルを選択することによって設定できる。またこれらのファイルセットを名前をつけて登録することもできる。【図10】

さらにはまた「複数一括置換」という機能ももっていて、最大230セットまでの検索・置換文字列セットを同時に処理することもできる。Jedit ではこの場合、JMultiReplace という補助的なマクロプログ

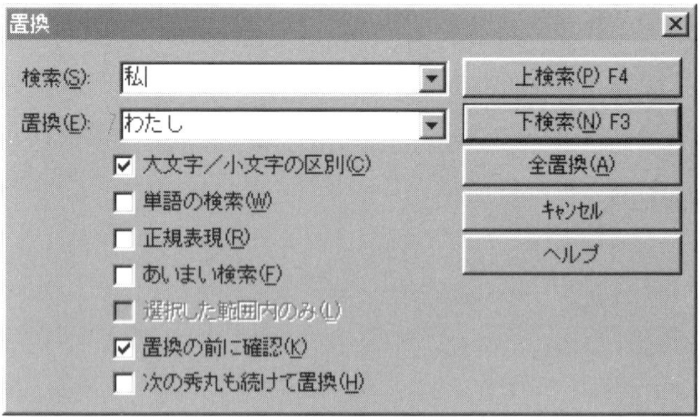

図11

図12

ラムを導入しておく必要がある。しかしこれらはいずれも一対一対応の単純な機能でしかないことも理解しておくべきであろう。「正規表現」を使った高度な検索まではできるが、その検索結果をしかるべき文字列に適切に置換する「タグ付き正規表現」による置換機能まではテキストエディタといえども装備してはいない。それらはやはり「編集篇」で紹介するSedMacのような「超置換ツール」によってしか実現できないのである。

Windowsのエディタの代表とも言える秀丸エディタにおいてもこうした機能はほぼ同様である。ただし秀丸の場合は「検索」メニューと「置換」メニューが最初からそれぞれ独立している。だから検索しようとするときはコントロールキー＋Fキーで、置換しようとするときにはコントロールキー＋Rキーでそれぞれの設定画面を呼びだすか、検索メニューから「検索」または「置換」を選択することになる。やはり検索文字列と置換文字列にそれぞれの文字列を入力あるいはコピーすることによって検索と置換の設定をする。「全置換」ボタンをクリックして出てくる画面で、「一気」ボタンをクリックすればあっという間にすべての候補を置換してしまう。さきほどのような誤置換の危険はあるが、特殊な記号のように他と紛れる心配のないものにかんしては確認なしで一気に置換してしまってもよい。それ以外のときには「置換」または「置換＋次」ボタンをクリックするか、置換しないで次を検索するときは「上候補」または「下候補」ボタンをクリックする。一度置換をすると、この画面は消えてしまうが、あとはF3キーを押しながら「下候補」をひとつひとつ確認しながら置換するかしないかを選択していく。ここでも「正規表現」を使った検索機能は標準装備されているが、置換機能は完全にサポートできていない。【図11】【図12】

ともあれ、本書では著者の原稿入力にとって補助的ではあるが重要な機能である「検索」と「置換」という基本的なテクニックの輪郭だけでも理解しておいてほしいのである。これによってとりあえずの原稿ができあがったあとの内容チェック、あるいは修正や統一がかなりの程度まで実現できるからである。

(*) Jeditの検索結果一覧は検索対象文字列を起点とした表示をするので、前後関係から判別しにくい欠点がある。

3-7-3　正規表現の基礎

ここでさきほどからしばしば触れている「正規表現」Regular Expressionsというツールというか機能について若干の解説をしておいたほうがやはりよさそうである。くわしくは「編集篇」にゆずるとして、この機能を知っておくと、検索作業がもっと要領よく、しかも

図13

高度なかたちでできるようになるのである。

エディタの検索または置換メニューを開くと出てくる設定画面で「正規表現」というラジオボックスがついている。これをクリックすると通常の検索機能がすべてオフにされて、特殊な検索機能が選択される。つまりこれはある特定の条件における検索の方法なのである。

たとえば行頭の文字でカギカッコやパーレンで始まる箇所を検索したいというような場合がある。あるいは行末がこれらの記号で終わっている箇所を検索したいという場合もある。こうしたときには「検索」欄に以下のように記述する。

行頭の場合：^[（「『]

行末の場合：[)」』]$

これらの記号は意味しているのは「正規表現」というルールにおい

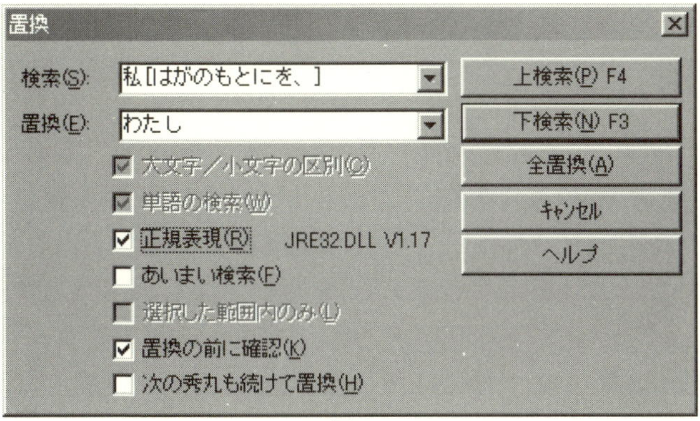

図14

て半角キャレット^は行頭を意味し、半角のドル記号$は行末を意味する。また半角ブラケット[　]はこのなかの文字のどれかがきたら検索対象としてヒットさせるという意味である。【図13】

あるいはこんな例もある。原稿のなかにはよく空行と呼ばれる文字列があり、そのなかには無駄なスペースなどがいろいろ入っていることがある。こうした空行を削除したいというような場合には

「検索」欄に：▯（半角スペース）+□（全角スペース）+¥n

を入力し、「置換」欄にはなにも入力しない、という方法によってこうした文字列を検索し、削除することができる。つまりここで「+」は全角半角スペースが一個以上あることを示し、「¥n」は改行マークを示しているので、無駄なスペースと改行を検索し削除（置換）することができるのである。この場合、もし改行だけは残したいというときには「置換」欄に「¥n」と入力しておけばいい。なお、Macintoshでは改行マークが「¥r」となることに注意しておこう。(*) またタブをあらわすときには「¥t」でよい。ここで使われる「¥」(半角の円記号）はエスケープ文字と呼び、通常の文字としてのn、r、tではないということを意味する。したがって「¥」の文字そのものを指示した

いときには逆に「¥¥」とすることで示すことができる。つまり「正規表現」におけるルールをいったん解除するかたちで指定するのである。

こんなふうに検索文字列を指定することができるので、前項での例で言えば、「私」を「わたし」に変換しようとすれば、検索方法を「正規表現」としたうえで、「検索」欄に「私[はがのもとにを、]」とでも入力すれば確実にヒットするのである。ただし、前述したように検索はするけれども置換はできない。置換すると「私」のうしろにくる「は」「が」「の」「も」「に」「を」「、」といった文字自体をもふくめて「わたし」になってしまうからである。こうした検索文字列のうしろにくる文字がいろいろ可能な場合、これら該当する文字をふくめて選択的に置換する「タグ付き正規表現」まではふつうのエディタには装備されていないのは前述した通りである。【図14】

(*) ただし、YooEditではMacintosh改行文字のほか、UNIX改行文字、DOS/Windows改行文字のいずれかと合致する¥Nという指定ができる。

3-8　原稿の保存と出力

3-8-1　原稿はかならず一度出力し、読み直す

出版のための原稿がいよいよ著者から出版社（編集者）に渡される段階にまで話が進んできた。ここで著者はなにをなすべきか。

これまでの記述でもはやあらためて言う必要もないだろうが、まず著者がするべきことは自分の原稿の全文を紙に出力（プリントアウト）し、読み直し推敲することである。ここで誤植やさまざまな割付け指定のミスを訂正したり変更したりするのはもちろんのこと、内容

的なさらなる吟味や修正をほどこし、より完成度の高い原稿に仕上げてもらう。可能ならばこの段階で編集者に原稿に目を通してもらい、意見を聞くことも有益だろう。

ただ、いずれにせよ、この最終原稿は著者にとっての最終段階であるにすぎず、［出版のためのテキスト実践技法］の方法論に従うなら、この原稿は編集者とのあいだでさらに徹底した吟味と修正をほどこす必要がある。そしてそれが終われば事実上の完全原稿ができあがるのである。ゲラにするのはその最後の段階を本と同じページ組みにして確認するためだけにあると言ってよい。それまでは本と同じ１行の文字数と１ページの行数に設定した仮ゲラのかたちで必要なら何度でも校正のやりとりをすればよい。こうした仮ゲラ出力のための便利なプリント・ユーティリティ（たとえばWinLPrt、ただしWindows用のみ）もちゃんとあるのである。

どんなに内容的によくできた原稿でも、技術上のちいさなミスや不都合、さらには表記の不統一といった問題は不可避的に存在する。ましてや［出版のためのテキスト実践技法］の手法による迅速かつ一括的な原稿処理のためには、この原稿にさまざまな割付け指定（これをタグと呼ぶ）を追加入力する必要もあるからである。

ときにフロッピーによるデータ入稿のみで原稿は出版社側で出力してもらうつもりの著者がいるが、よほどの理由でもないかぎりこのような態度は著者として好ましくないし、それを受け入れる編集者にも問題がある。すでに書いたような理由から完璧な原稿などありえない。もしみずからの原稿が完璧だと思っている著者がいるとしたら、たんに傲慢であるか出版の原則に無知であるにすぎない。こういう著者の場合、内容的にもファイル作成の技術上の点からも問題だらけのケースが多いのは、わたしの経験から言えば、まずは間違いない。

3-8-2　原稿保存の基本

データ保存の原則も確認しておきたい。パソコンを使っているひとならよく知っているはずだと思うのは大間違いで、いまでもフロッピーディスクだけでファイルを管理・保存しているようなひとがいるのである。ワープロ専用機時代の小容量データを扱う感覚が意外と残存しているのであろうか。いまやフロッピーディスクは記憶装置というよりも、データの受け渡しのための媒体にすぎないと思わなければいけない。むかしのように一枚で数百円もする時代ではなく、まさに使い捨ててかまわない安価なものになったのである。（もっとも、わたしは使い捨てをしないから何百枚ものフロッピーが手元に残ってしまっているのだが。）

ところでフロッピー保存の問題だが、以前あるひとがこれで大失敗をやっている。いちど出力したあとにフロッピーの読み出しも書き込みもできなくなって、しかもワープロ・ソフトの自動バックアップ機能を解除してあったためにすべてのデータがフイになってしまったのである。それでも完成原稿が出力されていたからまだ救われていたのであって、この原稿をもとに印刷所にテキスト入力してもらい、なんとかロスを最小限に食い止めることができた。こうした失敗をしないためにもデータのハードディスク保存という原則をしっかり理解してもらいたい。これについては次章で紹介する。

さて、それで原稿受け渡しのためのフロッピーであるが、いまはMacintoshであれWindowsであれ3.5インチ2HD、1.44MBのものが一般的である。以前は８インチ、５インチのものとか、ワープロ専用機用の3.5インチ2DD、720KBのものが多かった。また古いNECパソコンでは同じ3.5インチ2HDでも1.2MBのフロッピーもある。これらにデータを収録するにはパソコンの機種、使っているOSによってそれぞれフォーマットされたフロッピーを選択しなければならないのである。

また、ワープロ専用機のなかにはデータをMS-DOS変換できるものが多くなってきたが、しばしばこのデータを既存のフロッピーに保存しようとすると読み出しができなくなるエラーが発生する。どうもワープロ専用機の場合には、その機種に独自の保存形式を採用してもらったほうが無難のようである。これらはだいたいコンバートソフトによってMS-DOSテキスト変換が簡単にできるからである。

3-9　電子メールによる添付ファイルの送り方

最近はインターネットをつうじて原稿ファイルを送ることが多くなってきた。とりわけ雑誌原稿などの場合、時間的に切迫していることが多いので、いきなり出張校正中の印刷所へ電子メールで原稿送付などということも少なくない。こういうことが慣例化することはあまり感心したことではないが、ある程度やむをえないこともある。とにかくインターネットの普及によって、以前だったらとうてい間に合わなかった原稿が間に合うようになってきたのである。もちろん原稿渡しの方法によるスピード化もあるが、なによりも電子データによる入稿という面が効率化につながっているのである。

前述したように、著者が紙に出力（印刷）し同時に同じ内容のデータをフロッピーディスクに収録して編集者に手渡しするか郵送するかが本来の原稿渡しの基本である。しかしながら事前に原稿のあらましを見せるために編集者にファイルを送るとか、追加原稿を送るなどということも考えられるのである。もちろん、編集段階に入ってから著者と編集者のあいだでファイルのやりとりをすることもないわけではない。わたしの経験からも言えるのだが、海外や遠隔地の著訳者との

図15

ファイルの往復ほどありがたいことはない。しかしあくまでもこれらは便宜以上のものではないことも明らかにしておくべきであろう。すべてこの方法ですませるということになると、あとで思いがけぬ失敗につながりかねないことを覚悟しておかなければならないのである。

ともあれ、ここでインターネットによる原稿ファイルの送り方について書いておこう。ブラウザを使って送る方法もあるが、ふつうはメール・ソフト（メーラー）を使って添付書類で送るのが基本である。

Macintoshの代表的メーラーであるEudoraProの場合、メール作成画面で「メッセージ」メニューから「添付書類を追加…」を選択すると、現われるダイアログにとりあえず出てくる選択候補から階層をたどってファイルを選択し、「添付」ボタンをクリックするだけでよい。【図15】メール本体のX-Attachments欄にファイルのアイコンが出てくるのを確認し、あとはふつうにメールを送るだけである。そのさいに「特別」メニュー〜「設定」〜「添付書類」で添付書類の変換方式を「MIME-AppleDouble」にしておけば、まず問題はない。受け取ったファイルは受信メールの下部にあるファイルのアイコンをデスク

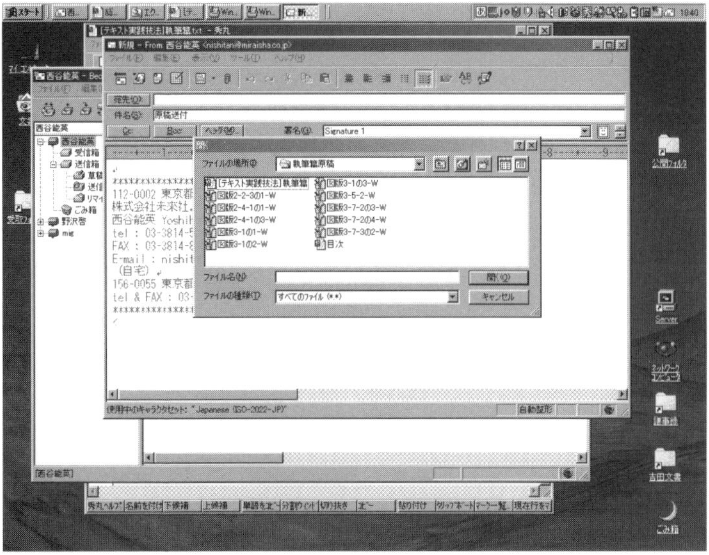

図16

トップにドラッグ&ドロップするだけでコピーされる。添付書類本体はシステムフォルダ～「Eudora」フォルダ～「添付書類」フォルダに格納されている。

またWindowsの場合でも基本的に同じである。いまはMacintoshでも使えるようになったが、Windows付属メーラーであるOutlookExpressではメール作成画面で「挿入」メニューから「添付ファイル」を選択し、現われるダイアログにとりあえず出てくる選択候補から階層をたどってファイルを選択し、「添付」ボタンをクリックすると、「添付」欄にファイル名が出てくるので確認することができる。またシェアウェアであるが人気の高いBecky! version 2のようなメーラーでは、「ファイル」メニューから「ファイルを添付」を選択するか、上部の「添付」ボタンをクリックし、あとは同じようにファイルを選択し、「開く」ボタンをクリックする。ここでエンコード方式の選択を確認してくるが、標準のBase64を選び、「日本語ファイル名の変換方式」を「MIME」(*)にして「OK」ボタンをクリックすれば問題はない。【図16】受け取ったファイルは、EudoraProなどと同様、やはりメールの下部にあるファイルのアイコンをデスクトップにドラッグ&ドロップするだけでコピーされる。さまざまなメール・ソフトがあるが、ほとんどどれも同じような方法で添付書類を送ったり受け取ったりすることができるのである。

それからデータはテキストファイルにするのが基本であることはこれまでもくりかえしてきているが、ほかのアプリケーションで作ったファイル(バイナリ・データ)ももちろん送ることができる。ただ、テキストファイルで送るのがもっとも適切なのは、テキストならまずどんな条件でも相手が開けないことはないし、なによりも軽量であるためにファイル送受信に負担がかかる度合いがすくないからである。一般的に添付ファイルの大きさは1MBぐらいまでが常識であり、メーラーによっては100KB以上とか一定以上の容量のファイルは、ウィルス混入等の危険防止のために受け付けるかどうかチェックされるように設定することもできる。

それから、これも2-2-3で述べたように、Macintoshのテキストならできれば MS-DOS形式で「.txt」名を付して保存したテキストファイルを送ることが望ましい。これだとWindowsで受信してもまったく問題がないからである。

(*) MIMEとはMultipurpose Internet Mail Extentionsの略。使用するデータの種類をメールの先頭に記述し、日本語のデータ転送を可能にする。ただしMIMEをサポートしていないメーラーもあり、その場合しばしば文字化けが起こったり、添付書類が送れないことがある。

第４章　執筆のためのパソコン技法
――原稿書きのスピードアップのために

この章では原稿を書くために直接役立つ技法ではないが、知っておくと便利と思われるさまざまなパソコン技法を紹介する。なんでもないことであったり、好みの問題でもあったりするかもしれないが、こうしたちょっとしたテクニックを知っていると原稿執筆のスピードアップにいろいろ役立つことが多い。これらに関連する小道具（主としてユーティリティと呼ばれる小さなソフト類）もときには導入し試してみるのも悪くはないと思う。

4-1　ファイル管理の技法

まずさまざまなデータ類の管理について考えるところから始めよう。原則はパソコンのハードディスクにしかるべき文書フォルダ（たとえば「文書」というフォルダ）をつくって、そこに出版用のデータ・ファイルを格納する。単発の短い原稿とはちがって、本一冊分のデータとなるとそれなりの容量があるから、できれば章ごととか、本文と注その他のファイルに分けるなどして、そのいくつかのファイルをその本の名前をつけたフォルダに格納するほうがよい。つまり大き

図17

な文書フォルダのなかにその本の名前のフォルダを作り、そこにひとつひとつのファイルが格納されているという階層構造（Windowsでは「ディレクトリ」と呼ぶ）をつくるのである。本書の例で言えば、「文書」フォルダのなかに「原稿」フォルダを作り、さらにそのなかに「テキスト実践技法」フォルダを作るといった具合である。【図17】【図18】

物書きや研究者であれば、仕事の種類もレベルもいろいろあるだろうから、それら膨大なファイルを雑然とひとつのフォルダに放り込んでいては収拾がつかない。同じようなファイル名がいろいろあって、どれがどれだかわけがわからなくなるだろう。そもそもすでに別の本のための「第一章」というファイルがあると、同じフォルダのなかに同一のファイル名をつけることはできないという不便も生じる。書名

図18

＋章名というネーミングも可能だが、長たらしいし、そのうえMacintoshでは半角31文字分までのファイル名しかつけられないという問題にぶつかってしまうこともありうる（Windowsの場合はパスを含めて255字まで可能）。

そんなわけで、こうした階層構造のなかにわかりやすく一冊分のファイルを管理しておくことによって、いつでも間違いなく遺漏もなくファイルを取り出すことができるのである。原稿のなかには古いヴァージョンと新しいヴァージョンのものがあったりして、それらをとりちがえるとせっかくのデータが意味をもたなくなってしまうこともある。

また階層構造が深くなってしまうと取り出すのに面倒ということも生じるが、それならばデスクトップに仕事中のフォルダのショートカット（Macintoshならばエイリアス）を作っておけば作業に手間どることも避けられる。(*) さらには進行中のファイルのショートカットをスタートメニュー（Macintoshならばアップルメニュー）に入れておくことで省力化と省スペース化もできる（**）し、ランチャーソフト（MacintoshのDragThingはとても便利）を使ってクリック一発で呼びだせるようにすることもできるのである。これらは用済みになれば、ショートカットを削除するだけの話である。

Windowsにデフォルトで「マイドキュメント」というデスクトップ・フォルダがある。これはもともと起動ドライブのCドライブに設定されている同じ名前のフォルダをターゲットとしてデスクトップに置かれているだけなので、たとえばこのフォルダのターゲットを「文書」フォルダにし、デスクトップ・フォルダの名前も「文書」に変更してしまえば、このフォルダを右クリックするだけでエクスプローラから文書フォルダの中身をディレクトリとして展開することができる(***)。これは便利な方法なのでぜひ参考にしてほしい。

(*) ショートカットはファイルの上でマウスの右側をプレスしながらデスクトップにドラッグ＆ドロップすることでつくることができる。エイリアスはファイルをクリックしたあと、コマンドキー＋Mキーでエイリアスをつくってデスクトップにドラッグする。

(**) ショートカットをスタートメニューに入れるには、(*) の方法でドラッグする先をスタートメニューにすることで済むし、スタートメニューのディレクトリに入れる場合は、スタートメニューにドラッグしたあと、すこしそのままドロップしないでいると、フォルダが開くのでそこでドロップする。アップルメニューにエイリアスを入れるには、システムフォルダのなかのアップルメニューフォルダのなかにドラッグ＆ドロップする。
(***)「マイドキュメント」フォルダの上で右クリックし、プロパティを選択。出てくるターゲットフォルダの場所をたとえば「C:¥文書」と設定する。つぎに、「マイドキュメント」フォルダの上で右クリックし、「名前の変更」を選んで「文書」とする。

4-2　単語登録による高速化

4-2-1　よく使う単語、文字列は単語登録する

原稿を書くうえで入力を快適にするための方法のひとつはよく使う単語、固有名詞、文字列を単語登録しておくことである。書くひとによってさまざまな専門タームや固有名詞、『　』つきの書名、長いまとまった欧文表記など、頻繁に使用する語彙が異なる。これらは日本語変換システムの変換にもなかなか応じてくれないものが多い。まして記号などが含まれる文字列や特殊な固有名詞の場合はとりわけ面倒で入力に手間がかかる。ところがこういった面倒なことを毎回やっているひとが案外多い。そういうひとに単語登録のメリットをすすめてもなかなか面倒くさがってやらないのである。最初のちょっとした面倒をするだけで、あとはいくらでも利用がきくのに、である。また、なにを単語登録したかがわからなくなってしまうとか、覚えていられないということもあるらしい。これらは次項で述べるように、いずれも簡単な方法で一覧出力もできるのである。

ところで単語登録の話をするまえに、日本語変換システム（Input Method Editor）について簡単に触れておかなければならない。日本語入力をするうえで日本語変換システムは英数モードしかないコンピ

ュータの入力システムをかな漢字変換ができるようにするツールとして重要である。とりわけ日本語のようにひらがな、カタカナのほかに膨大な量の漢字を文脈に応じて適切に変換するためには使い勝手のいい日本語変換システムが必要である。その点でWindowsに付属している「MS-IME」、Macintoshに付属している「ことえり」というツールは、以前よりはだいぶ改善されたとはいえ、依然としてあまり感心できない。ここでは日本語変換システムとしてはるかにできのよい市販のATOK（Windows用、Macintosh用の二種類がある）とEGBRIDGE（Macintosh用）について説明する。

ちなみに以下にわたしが単語登録している例を一部だけ示しておこう。（ただし個人的な必要にもとづいているので、プライバシーにかかわるものも多く、ごく一部しかお見せするわけにいかないのだが。）

あさひや	旭屋	【企業名】
あにまる	三軒茶屋アニマル・クリニック	【企業名】
いんた	Internet	【名詞】
うぃん	WinLPrt	【名詞】
うぃん	Windows 98	【名詞】
うぃん	Windows	【名詞】
えく	エクリチュール	【名詞】
えく	.xls	【接尾語】
かぎ	〔〕	【記号類】
かぎ	〈〉	【記号類】
かぎ	《》	【記号類】
かぎ	『』	【記号類】
かぎ	“”	【記号類】
かぎ	[]	【記号類】

かぎ	{}	【記号類】
かるすた	カルチュラル・スタディーズ	【名詞】
かんじ	[亜-熙]	【記号類】
ぎほう	[出版のためのテキスト実践技法]	【独立語】
ごち1	¶	【記号類】
ごち2	♪	【記号類】
しんくろ	synchronize!	【名詞】
そろ	Gateway Solo 3300	【名詞】
たいりゅう	『滞留』	【独立語】
てきすと	テキストファイル	【名詞】
てきすと	テキストエディタ	【名詞】
てく	.txt	【接尾語】
てる	tel	【名詞】
てん	…	【独立語】
てん	……	【独立語】
でぃすく	DiskMirroringTool 32 for BackUp	【名詞】
どく	.doc	【独立語】
ないじぇる	ナイジェル	【名】
に	日販	【企業名】
にしたに	西谷能英	【名】
ねっと	Netscape Navigator	【名詞】
のざわ	野沢啓	【名】
のべかん	延勘	【名詞】
はぎわら	萩原朔太郎	【名】
はぎわら	萩原印刷	【企業名】
はにや	埴谷雄高	【名】
ばいお	Sony Vaio ノート PCG-Z505JX	【名詞】

ひで	秀丸	【名詞】
ふぁ	FAX	【名詞】
ふらんす	フランス著作権事務所	【企業名】
ぶれひと	『ブレヒト戯曲全集』	【名詞】
ぶんか	文化産業信用組合	【企業名】
ぶんげいか	日本文藝家協会	【組織名】
ぺ	頁	【名詞】
ぺ	ページ	【名詞】
ほーむ	未來社ホームページ	【独立語】
ほんこ	「本とコンピュータ」	【名詞】
ぼう	—	【記号類】
ぼう	——	【記号類】
ぽいえ	ポイエーシス	【名詞】
まっく	Macintosh	【名詞】
まっくG	PowerMac G3 DT266	【名詞】
まど	[未来の窓]	【独立語】
みらいしゃ	未來社	【企業名】
めいる	E-mail	【名詞】
もんき	MonkeyCom	【名詞】
や	←	【記号類】
や	→	【記号類】
や	⇒	【記号類】
わーど	Word 98	【名詞】
わーど	Microsoft Word 98	【名詞】

これはEGBRIDGEの単語登録リスト（の一部）である。ATOKも登録形式がちがうだけで基本的に同じ考え方で登録するようにすれば

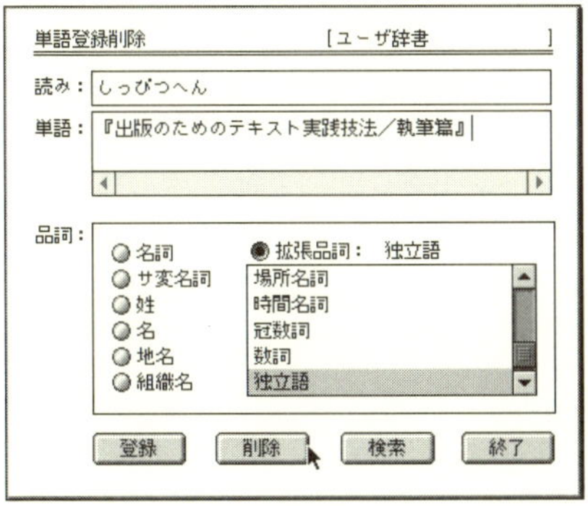

図19

よい。これらの登録単語はそれぞれユーザ辞書に書き込まれる。要はいかに自分にとって使用頻度の高い単語や文字列を、それらにあてられた省略語を入力するだけですばやく呼びだせるかということなのである。こうしたちょっとした技法をマスターすることがどれだけ原稿書きの能率を上げることができるか、わたしにはかなりの確信と経験がある。

単語登録の仕方は、単語登録画面を呼び出し（*）、単語または文字列（入力された単語あるいは文字列をすでにコピーしてあれば入力不要でペーストのみ）とその読みを入力し、品詞を設定しておくだけである。読みをできるだけ簡略に、かつ覚えやすくすることによって入力のスピードアップが大幅に可能になるのである。【図19】

（*）EGBRIDGEの単語登録呼び出しはえんぴつメニューから「単語登録削除」を選択するか、オプションキー＋Nキーでできる。ATOK（Macintosh）ではえんぴつメニューから「単語登録」を選択するか、コントロールキー＋シフトキー＋Eキーでできる。ATOK（Windows）ならツールバーから「単語登録」を選択するか、コントロールキー＋F7キーでできる。慣れればショートカットキーでの呼び出しもできるようになるはずである。

図20

4-2-2　単語登録のテキスト書き出しとリスト作成の方法

すでに述べたように、単語登録をどんどん増やしていくことによって入力作業のスピードアップがぐんぐん上がることは間違いないのであるが、あまりに多く登録していくとどんな単語や文字列をどんな略語で呼び出すことにしたのか、わからなくなってしまったり、忘れてしまうことも多くなってくる。したがって、単語登録した内容を一覧にしていつでも手元においておくことによってすぐ確認することができるし、記憶の更新においても役に立つ。不要になった登録単語を消去することもしやすいので、使用頻度の高い特殊な単語や文字列だけをコンパクトにリスト化することができるのである。

前項でリストにした例で見られるように、登録単語一覧を出力することができるので、必要に応じて随時最新データを読むことができる。以下にその方法を書いておく。

まずMacintosh用のEGBRIDGEであるが、「えんぴつ」メニューから「辞書ツール起動」を選択し、「ユーザ辞書の内容でテキストファイルを作成する」ボタンをクリックする。→「ユーザ辞書」ボタンを押して「EGBRIDGEフォルダ」内の「ユーザ辞書」を選択（これはデフォルトで設定されている）し、「開く」ボタンを押して決定する。さらに「出力テキスト」ボタンを押して「作成する登録用テキスト名」を適当な名をつけてしかるべきフォルダを指定して「保存」ボタンを押す。あとは「実行」ボタンを押すだけである。【図20】わたしの場合、このテキストは「文書」フォルダ〜「個人用」フォルダ〜「ユーザ辞書テキスト」フォルダのなかに「EGBユーザ辞書テキスト」として保存している。このファイルはテキストファイルだから、そのまま出力することができるのである。ついでにこのテキストファイルからユーザ辞書に一括登録することもできる。テキストの書き出しの逆にテキストの読み込みをさせるだけであり、「辞書ツール起動」のあと、「テキストファイルからユーザ辞書に一括登録する」ボタンをクリックして、書き出しと逆の方向で実行するだけなのである。この仕組みはきわめて簡単だ。

EGBRIDGEにくらべるとATOKのテキスト出力の方法はややわかりにくい。しかし同じように「えんぴつ」メニューから「辞書ユーティリティ起動」を選択する。→「一覧出力」タブをクリックし、「ATOK辞書」欄が「標準辞書」になっているのを確認して「出力ファイル」名をたとえば「ATOK13ユーザ辞書.txt」とでも設定し、種類欄の「登録単語」のみチェックボックスをオンにする。あとは「実行」ボタンを押すだけである。「ATOK13ユーザ辞書.txt」はたとえば「文書」フォルダ〜「個人用」フォルダ〜「ユーザ辞書テキスト」フ

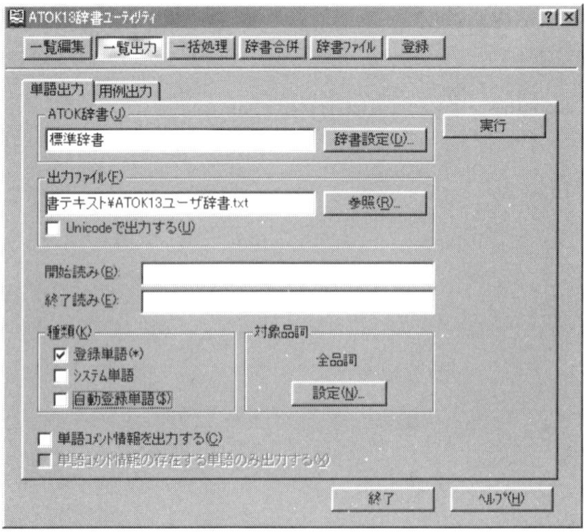
ATOK13辞書ユーティリティ
一覧編集
一覧出力
一括処理
辞書合併
辞書ファイル
登録
単語出力
用例出力
ATOK辞書(J)
標準辞書
辞書設定(D)...
実行
出力ファイル(F)
書テキスト¥ATOK13ユーザ辞書.txt
参照(R)...
Unicodeで出力する(U)
開始読み(B):
終了読み(E):
種類(K)
登録単語(*)
システム単語
自動登録単語($)
対象品詞
全品詞
設定(N)...
単語コメント情報を出力する(C)
単語コメント情報の存在する単語のみ出力する(X)
終了
ヘルプ(H)

図21

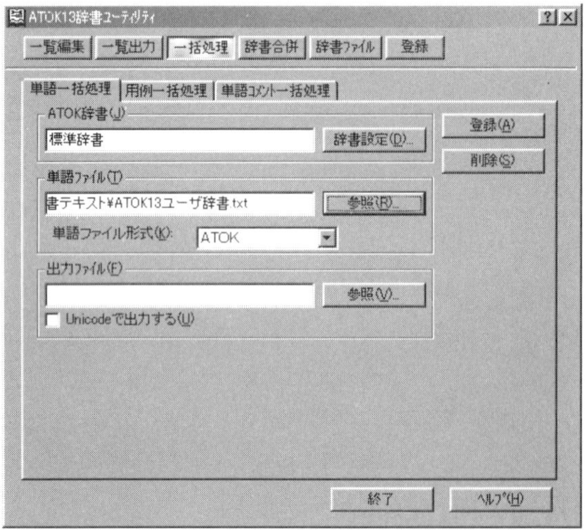
ATOK13辞書ユーティリティ
一覧編集
一覧出力
一括処理
辞書合併
辞書ファイル
登録
単語一括処理
用例一括処理
単語コメント一括処理
ATOK辞書(J)
標準辞書
辞書設定(D)...
登録(A)
削除(S)
単語ファイル(T)
書テキスト¥ATOK13ユーザ辞書.txt
参照(R)...
単語ファイル形式(K):
ATOK
出力ファイル(F)
参照(V)...
Unicodeで出力する(U)
終了
ヘルプ(H)

図22

ォルダのなかに保存する。一括登録する場合は逆に「辞書ユーティリティ起動」～「一括処理」ボタンをクリック～「単語一括処理」タブをクリック～「ATOK辞書」欄が「標準辞書」になっているのを確認～「単語ファイル」の横の「参照」ボタンを押して「ATOK13ユーザ辞書.txt」をディレクトリから指定し、あとは「登録」ボタンを押すだけである。【図21】【図22】

4-3　クリップボード・ユーティリティの活用

単語登録の効用は使ってもらえばもらうほど理解してもらえるはずである。それぞれのユーザ辞書をきたえ上げることによって執筆の効率がグンと上がるだろう。しかし、これらの登録単語（および文字列）が半永久的に使用する単語だとすれば、一時的な連続使用としてしか必要でない単語および文字列にたいしては単語登録するよりも簡単な方法がある。

通常、パソコンのクリップボードはコピーないしカットした単語あるいは文字列をひとつしか記憶しない。つまり新しく単語あるいは文字列をコピーないしカットすると、上書きされてしまうのである。いくつかの記号や単語を交互に何度も使うような場合、そのつどコピー元を探してコピーし直さなくてはならないようでは、効率は悪いしストレスもたまるだろう。それならそのつど入力してしまったほうが早いぐらいのこともある。

そうしたクリップボード機能の拡張をしてくれるのがここで取り扱うクリップボード・ユーティリティである。なかにはWindows用の秀丸のようなテキストエディタは独自にクリップボード履歴機能をもっており、最大合計で999KBまでの履歴をもつことができる。「編

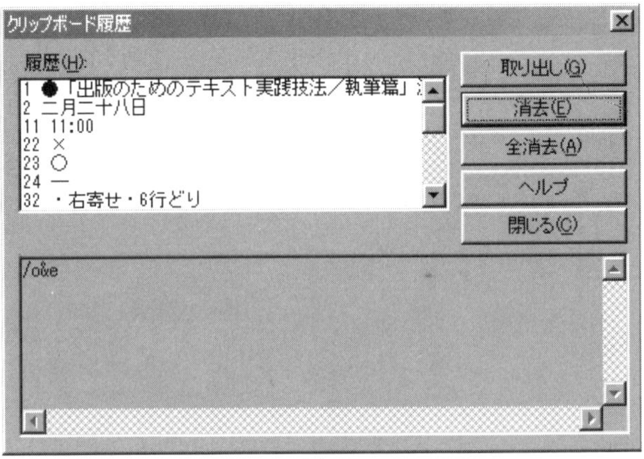

図23

集」メニュー〜「クリップボード履歴」を選択し（*）、必要な単語を選択し「取り出し」ボタンを押すとクリップボードのトップに置かれるようになるので、あとはペーストするだけで済む。【図23】この機能を使うには初期設定で「秀丸の常駐」と「クリップボードの履歴を取る」機能をオンにしておく必要がある。

Windows系のクリップボード・ユーティリティにはいろいろあるが、できれば保存機能があるものが望ましい。簡単で軽快なのはQtxtclip（フリーウェア）であるがこの保存機能がない。クリップボードのデータベースとしておもしろいのはClipBase（シェアウェア）で、プロパティで「終了時に履歴をファイルに保存する」ボックスをオンにすると、最大999まで保存することができるばかりか、ユーザデータとして頻度の高いデータを保存し、そこからペーストすることができる。ただし、スタートアップメニューに登録する（**）とWindows終了時に読み込みに失敗するというエラーがしばしば起こるなど、やや不安定なところが欠点か。

使い勝手がいいのは、ToClip for Windows（フリーウェア）でクリ

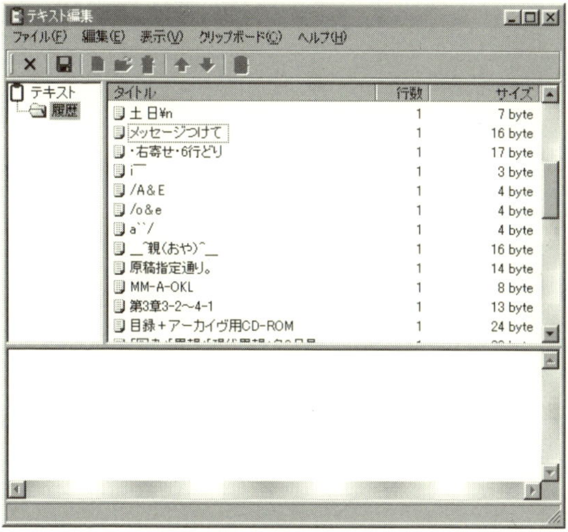

図24

ップボード履歴としては50個までだがデータ保存ができるのと、重要なデータは「テキスト編集」画面でデータを選択し、「編集」メニューから「登録テキストへ追加」を選ぶことによって履歴データから別枠で保存することができる。これらはモニタの四隅のホットコーナーのいずれかにマウスをあてるとクリップボード履歴がポップアップするので、必要なデータを選択するだけでクリップボードのトップに置かれるようになる。【図24】

Macintosh系のクリップボード・ユーティリティではCopyPaste（シェアウェア）にとどめをさす。これは10個のクリップセットを10個、つまり種類別に合計100個のクリップボード履歴をとることができる。単語あるいは文字列を選択し、コマンドキー＋Ｃキー（コピーの場合）またはＸキー（カットの場合）を押しながら、１から９までの番号キーを押すと登録され、ペーストするときはコマンドキー＋Ｖキーを押しながら、該当する番号キーを押すだけでいい。【図25】

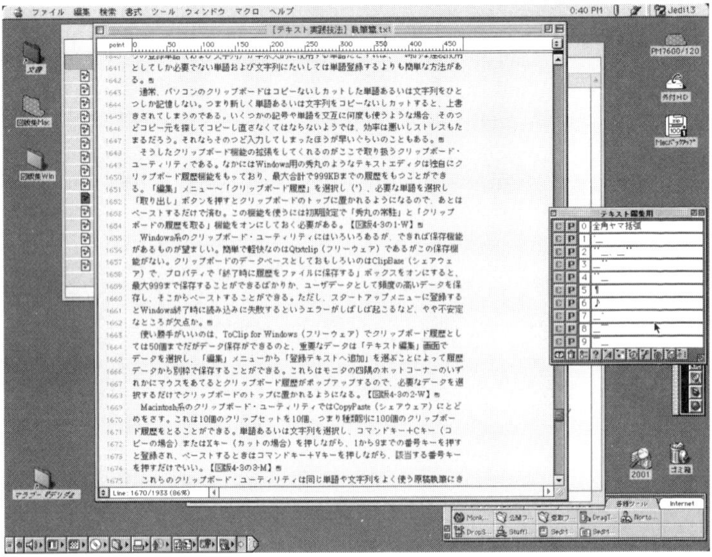

図25

これらのクリップボード・ユーティリティは同じ単語や文字列をよく使う原稿執筆にきわめて簡単で有効なツールである。前述の単語登録とあわせて使いこなせれば原稿入力のスピードアップに役立つだろう。しかしこのクリップボード・ユーティリティは執筆以上に後述する編集処理をするうえでとりわけ役に立つもので、編集者には必携のツールであることは認識しておいてほしい。

(*)「その他」メニュー～「動作環境」設定の「ウィンドウ」～「ツールバー」の「ツールバー詳細」ボタンで「クリップボード履歴」ボタンをツールバーに割り付けるとこの操作がワンタッチでできる。

(**) スタートアップメニューフォルダはディレクトリで Windows ～スタートメニュー～プログラムのなかにあり、そこにソフトやユーティリティのショートカットを入れておくことで Windows 起動時に組み込まれる。Macintosh の場合は「システムフォルダ」～「起動項目」にエイリアスを入れておくことで同様の機能を働かせることができる。

4-4　ショートカットキーコマンドをなるべく覚える

パソコンの上達のひとつの目安は、いかにキーボードから手を離さずに仕事をつづけることができるかというところにある。つまりキーボードから手を離すということはマウスを使うということでもあるから、逆に言えばいかにマウスを使わずに作業を進めることができるかということにもなる。マウス操作はたしかにわかりやすいが、そのたびにキーボード上にセットした指のフォームが崩れてしまい、時間が余分にかかってしまう。

それではどうするか。ずばり、基本的な操作はキーの組合せで同じことがマウス操作以上にすばやくできることを覚えてしまうことである。初心者ほどマウスを使いたがるが、パソコンでは通常ひとつの操作をするのにいくつもの方法があるのであって、そのなかでもっとも効率がいいのがショートカットキーコマンドを使うことである。しかもそうした操作の基本的なものはアプリケーションは異なっても共通であることがきわめて多いから、いちど覚えてしまえばなんでもないことなのである。

ここでは原稿執筆にさいしてもっとも基本的なショートカットキーコマンドを説明していこう。まず「移動」および「コピー」という手法は、すでにある単語または文字列の利用ということでパソコンでは最初に覚えるべき技術である。「移動」というのはある単語または文字列を元の位置から別の位置へ移すことであり、そのためにはその単語または文字列をカーソルを使って選択して「カット」し、別の位置へカーソルを動かして「ペースト」するという技法で、これをカット・アンド・ペーストとも呼ぶ。同じように「コピー」は元の位置にある単語または文字列をそのままにしておいて別の位置にも複写することで、コピー・アンド・ペーストと呼ばれる。このテクニックが、Windowsなら「カット」＝コントロールキー＋Xキー、「コピー」＝コントロールキー＋Cキー、「ペースト」＝コントロールキー＋Vキーであり、Macintoshなら「カット」＝コマンドキー＋Xキー、「コピー」＝コマンドキー＋Cキー、「ペースト」＝コマンドキー＋Vキーということになる。

ここですぐ気がつかれると思うが、Windowsにおいてはコントロールキー（Ctrl）が、Macintoshにおいてはコマンドキー（Command）がいずれももっとも中核的なキーなのであり、他のキーは同じである。基本的なショートカットキーコマンドはこの中核的なキーとの組合せによって構成されていると考えて間違いない。（したがって以下に示すショートカットキーコマンドはWindowsのものを基準とし、カッコ内はMacintoshの場合を示すことにしたい。）

つぎに覚えるべきショートカットキーコマンドは「保存（上書き保存）」＝Ctrl（Command）＋Sキーであり、もうひとつは新規に保存するときの方法であろう。新しいファイルを作成したときにはかならず「名前をつけて保存」とか「別名で保存」をしなければならない。このときでも「上書き保存」と同じ操作でよい。一度も保存されたことのないファイルの場合、この新規保存のダイアログがあらわれるからである。これでいちどしかるべきフォルダにファイルを格納してしまえば、あとは上書き保存（たんに「保存」と呼ぶ）をするだけである。ファイルをできるだけ頻繁に保存することが望ましいから、ヒマさえあれば左手だけでCtrl（Command）＋Sキーを繰り返すように習慣づける必要がある。ただしワープロ・ソフトの場合、あまり頻繁に保存を繰り返すと、バックアップファイルが異常にふくらんでメモリを圧迫し、しまいにはフリーズしたりすることがあるから、設定でバックアップ保存をしないように解除しておく必要がある。

保存の問題で初心者によくあるミスは、ひとつのファイルを元に別のヴァージョンを作ろうとするようなときによく起こるので注意が必要だ。元のファイルをそのまま使ってデータを改変してそのままうっかり保存すると元のファイルは当然のことながら上書きされてしまうので、大幅に削除などしてしまうと復元できなくなる。こういうケースの場合、元のファイルを残す必要があるわけで、元ファイルをコピーしてから修正をほどこすべきなのである。その方法としては元ファイルを起動し、既述した「別名で保存」操作をしてから修正すればその段階で別ファイルになっているから間違いがないのである。

さて、こうした場合にももうひとつ起死回生の策がある。「取り消し」という方法である。これはテキストエディタなどの場合、たいてい無限アンドゥつまり無限に元に戻るという機能があるから入力の逆行程をたどることができるのである。このショートカットキーコマンドがCtrl（Command）＋Zキーである。なにかミス操作をしたときにはあわてずこのショートカットキーコマンドの操作をすれば無難にミス操作以前に復元することができる。初心者はなによりもまず最初に覚えるべきショートカットキーコマンドかもしれない。

単純入力作業の場合は基本的に以上のキーを覚えておくだけで十分である。あとは入力作業以外の場面でよく使ういくつかの重要なショートカットキーコマンドを三つあげておく。

「すべてを選択」＝Ctrl（Command）＋Aキー（ファイルの全内容を選択する）

「検索する」＝Ctrl（Command）＋Fキー（検索画面の呼び出し）

「印刷する」＝Ctrl（Command）＋Pキー（印刷画面の呼び出し）

これ以外にも「開く」＝Ctrl（Command）＋Oキー、「閉じる」＝Ctrl（Command）＋Wキー、「新規ファイルを開く」＝Ctrl（Command）＋Nキーなどもあるが、あまり使わない。むしろもっと重要なのが、以下のショートカットキーである。

「アプリケーションの終了」＝Command＋Qキー（Macintosh）、Altキー＋F4（Windows、これをつづけるとWindowsの終了まで行き着く）

「強制再起動」＝Command＋Ctrl＋スタートキー（Macintosh）、Ctrl＋Altキー＋Delキー（Windows）（フリーズしたときの脱出手段）

これら以外にもWindowsで言えば、Windowsキー、Altキーがあり、MacintoshでもOptionキー、コントロールキーがあり、さらにそれぞれにShiftキーがあってこれらとの複合的な組合せによるショートカットキーコマンドはアプリケーションごとに無数にある。そのひとつひとつについては自分の必要に応じて順次覚えていけばいいだけである。その気になればだんだん覚えてしまうものだから、いまはあまり気にしなくていい。

4-5　テキストエディタのカスタマイズ

4-5-1　キーコマンドなど徹底的にカスタマイズして使おう

こうした基本的なショートカットキーコマンドやアプリケーションごとに設定されている固有のショートカットキーコマンドなどの頻度の高いものはなるべく覚えておいたほうが結局は得策だ。何度も意識的に反復使用しているうちに覚えるべきものは覚えてしまうことになる。とくに本書の最大の眼目の一つであるテキストエディタの場合、

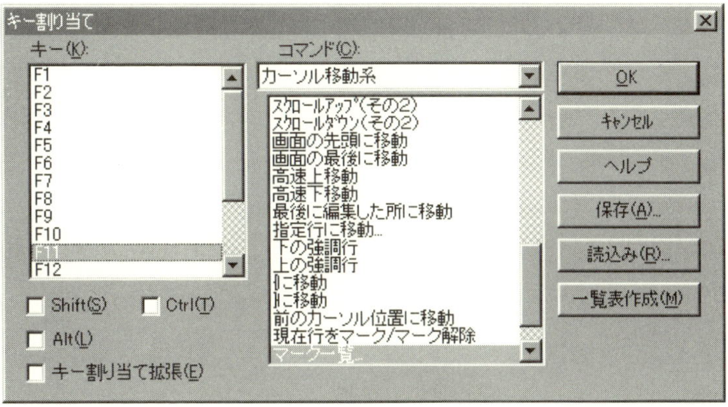

図26

もともと設定されているショートカットキーコマンドのほかに自分で好きなようにキーコマンドを設定も変更もできるのがおおきな特徴であり長所である。ワープロ・ソフトにくらべてそれだけ十分な可塑性があるということで、自分の基本的なスタイルをOSの種類、エディタの種類を問わず、決めることができる。

たとえば秀丸のCtrl+Qキーにはなにもキー割り当てがされていないので、MacintoshのCommand+Qキー（コマキュー）＝「アプリケーションの終了」に似せて「全終了」という割り当てをおこなう。またF2キーにはなにも割り当てられていないので「名前を付けて保存」を割り当てる。F3キーには検索のときの「下候補」が割り当てられているので、なにも割り当てられていないF4キーに「上候補」を割り当てる。また、あまり有効な割り当てになっていないF10、F11、F12といったファンクションキーにそれぞれ「クリップボード履歴」、「マーク一覧」、「現在行をマーク／マーク解除」(*)といったよく使う機能を割り当てるといった具合である。秀丸の場合はCtrlキー、Shiftキー、Altキーとのファンクションキーや文字キーとのさま

図27

ざまな組合せおよびそれらの二重、三重の組合せキーコマンド設定が可能であり、きわめて自由度が高い。【図26】

これにくらべるとMacintosh系の代表的エディタのJeditはキーコマンドの自由度がものたりない。CommandキーとOptionキーがカスタマイズの対象になっていないからである。しかしデフォルト設定を変更することができるのはやはりありがたい。たとえばカーソルをファイルの先頭に移動するためにはデフォルト設定ではCtrl+QキーとCtrl+Rキーを連打しなければならないが、Ctrl+Up（上矢印）に変更することができる。同じようにファイルの最後に移動するにはCtrl+QキーとCtrl+Cキーを連打しなければならないが、Ctrl+Down（下矢印）に変更することで、操作性を向上させることができる。段落の最初に移動するのをCtrl+Left（左矢印）、最後に移動するのを

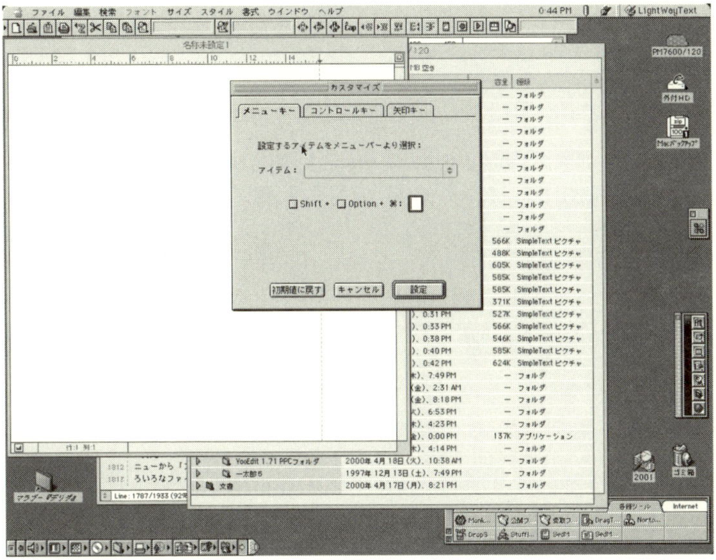

図28

Ctrl+Right（右矢印）に変更するのも有効な設定である。【図27】

またMacintosh系のもうひとつの代表的テキストエディタであるLightWayTextはCommandキーもOptionキーもキーコマンド変更できるためJeditよりははるかにカスタマイズしやすい。【図28】ただ、変更できるキーコマンドがメニューバーの機能のみなので、秀丸にくらべるとまだ不十分の感は否めない。

ともあれ、テキストエディタはワープロ・ソフトにくらべればはるかに自由度の高いツールであって、きわめて大きな可塑性をもっている。著者にとっては使いこめばこむほどカスタマイズの度をくわえていくこともでき、執筆するうえで快適な環境をつくることができスピードアップ間違いなしとなるはずである。弘法はテキストエディタを選ぶのである。

(*) テキストエディタには行単位で「マーク」という機能がある。秀丸の場合、ある行のところで「現在行をマーク / マーク解除」をクリックするとその行が「マーク一覧」に登録され、その一覧のなかでダブルクリックするとその行へジャンプすることができる。Jeditでもある行を選択してCommand+Mキーを押すとマークされ、「BookMark」に表示される。この「BookMark」は単独でデスクトップ保存することもできる。これらの一覧には複数のファイルから必要な行のマークを登録することができるので、このリストからの選択とダブルクリックでそのファイルの起動と指定行への移動を瞬時におこなうことができるようになる。これはとても便利な機能である。

4-5-2　テキストエディタの操作性を自分用に変更する

テキストエディタは自分専用の操作性をもたらすように徹底的にカスタマイズすることができる。自分にとってもっとも必要な作業がなにかはひとによってそれぞれちがうのでいちがいには言えないが、原稿執筆ツールとして考えるならさほどの差はないはずである。以下にわたしの場合をモデルにその方法を示しておこう。

秀丸エディタはカスタマイズ性の高さでは抜群の融通性をもっている。「その他」メニューから「ファイルタイプ別の設定」を選択すると、テキストの設定ができ、そこでいろいろなファイルタイプを新規につくることができる。右側の「設定のリスト」ボタンをクリックすると、デフォルトでは「共通」「C 言語ソースファイル」「テキストファイル」「HTML ファイル」の四種類の形式が設定されている。それらに変更をほどこしてもよいが、たとえば執筆中の原稿のスタイルにあわせたファイルタイプを作ろうとするときには、「新規」ボタンをクリックするか、適当と思われるファイルタイプを選択しておいて「コピー」ボタンをクリックする。出てくる設定の名前入力画面に適当な名前を入力する。これはあとで名前を変更したり削除することも

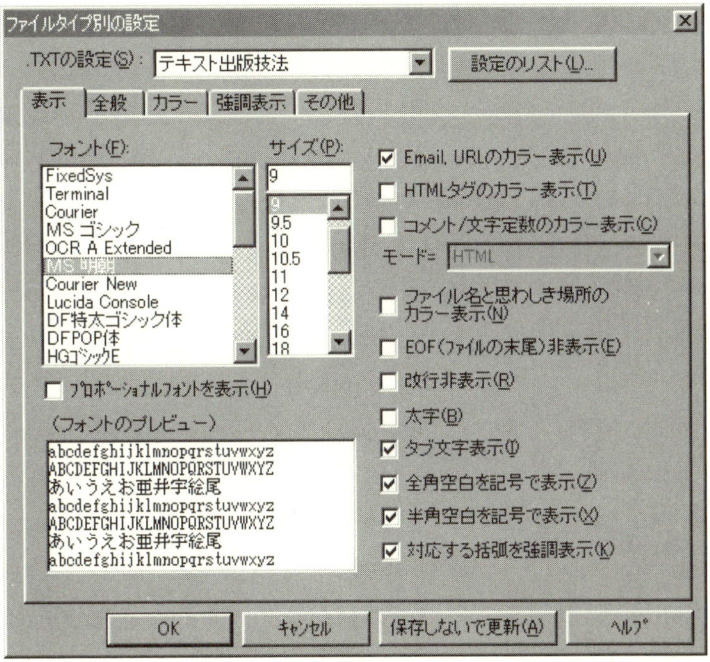

図29

できるからとりあえずの名前でもかまわない。つぎに「TXT の設定」プルダウンメニューからその名前のファイルタイプを選択し、ここでさまざまな設定をおこなうわけである。「表示」タブのところでフォントの種類とサイズを設定する。さらにいくつかのラジオボタンのうち、「タブ文字表示」「全角空白を記号で表示」「半角空白を記号で表示」にチェックを入れる。こうしておくと、原稿を書きながらどこにスペースとタブが入力されているか確認することができる。【図29】つぎに「全般」タブのところでは、「ルーラー表示」ボタンをチェックし、「10単位」をチェックする。背景の色なども自由に設定できる(そのときは「背景」の右側の太いバーをクリックする)。折り返し文

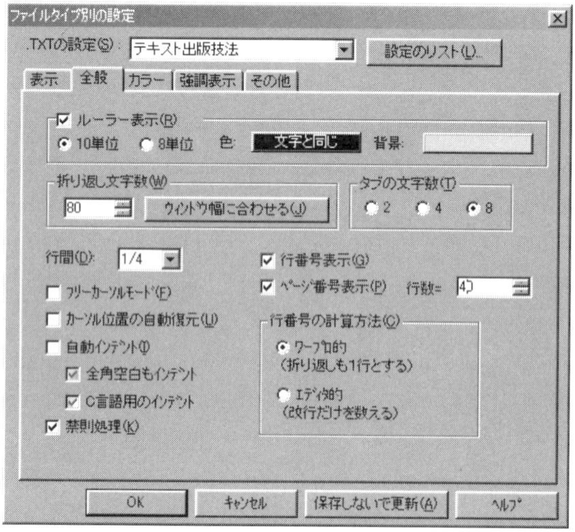

図30

字数はたとえば80字（全角で40字分)、タブの文字数を８字に設定する。行間は1/4ぐらいが見やすい。自動インデントはオフにし、禁則処理はオンにしておく。行番号表示、ページ番号表示をオンにし、行数をたとえば40行ぐらいに設定する。行番号の計算方法を「ワープロ的」を選択すると原稿枚数を計算しやすい。つまり１行40字が10行で400字詰め原稿用紙１枚分ということになり、１ページが４枚分という計算になるという具合だ。ページ番号表示をオフにすればトータルの行数計算になるので、これでもいい。【図30】あとはカラーの設定や強調表示など、好みに応じて設定すればよい。こんな要領でいろいろファイルタイプを設定しておくと、必要に応じてファイルをその型に流し込めばよいのである。ただし、秀丸が起動しているあいだ、ファイルタイプは一種類しか選べないので、いくつかのファイルを開いているときはすべてのファイルがその型になってしまうという難点がある。

図31

　つぎに「その他」メニューから「動作環境」を選択すると、細かな設定ができる。重要な設定方法だけでも指摘しておくと、まず左側の「ウィンドウ」をクリックすると出てくる画面で「ツールバー」ボタンをオンにし、「ツールバー詳細」ボタンを押すと、ツールバーをカスタマイズすることができる。ここには使用頻度の高い機能だけを割り付けておき、ショートカットキーコマンドなどで簡単に代用できるものは入れないようにする。右側の「コマンド」欄のプルダウンメニューから必要なコマンドを選択すると現われる「追加」ボタンを押し、左側のツールバーに割り付けるのである。順番なども変更できる。わたしの場合は「新規作成」「名前を付けて保存」「全保存終了」「やり直し」「追加コピー」「追加切り抜き」「クリップボード履歴」「現在行をマーク／マーク解除」「マーク一覧」「ウィンドウ分割」「秀

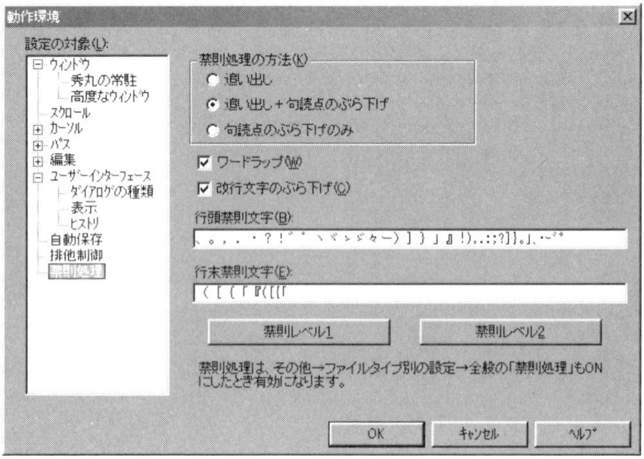

図32

丸ヘルプ」などをツールバーに割り付けている。【図31】つぎに左側の「パス」をクリックし、「所定のフォルダにバックアップを作成する」ボタンをオンにし、フォルダ名にたとえば「c:¥秀丸文書BackUp」とでも入力しておく。つぎに「編集」をクリックし、「クリップボードの履歴を取る」をオンにし、「履歴バッファのサイズ」を最大の999キロバイトに設定する。あとは自由に設定してよいが、たとえば「禁則処理」などでは、「禁則処理の方法」でたとえば「追い出し＋句読点のぶら下げ」をオンにし、「ワードラップ」「改行文字のぶら下げ」ボタンもオンにしておくと具合がよい。【図32】これ以上細かく言うとキリがないので割愛するが、各自でいろいろ試してみてほしい。

一方、Macintosh 系の Jedit version 3 以上になると、これもかなりのカスタマイズが可能だ。「ファイル」メニュー〜「初期設定」を選択すると出てくる設定画面のなかで、「新規文書」タブで表示する書体、サイズを決めることができるし、禁則処理（「追い出し禁則」を

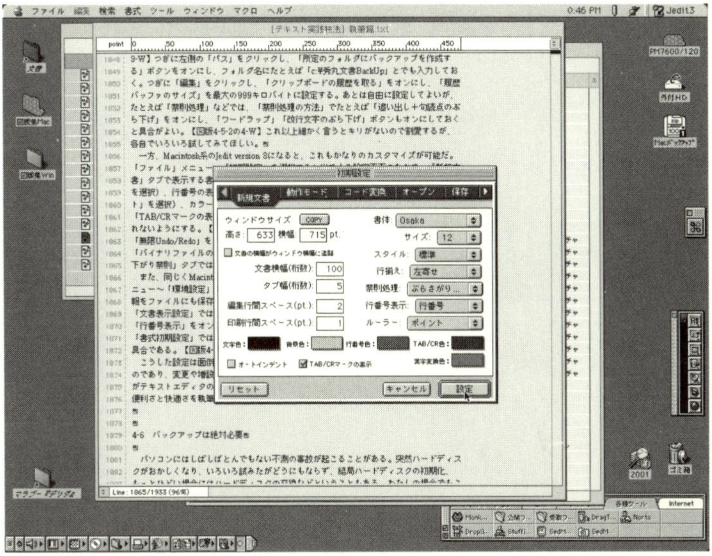

図33

選択)、行番号の表示（「行番号」を選択)、ルーラーの種類設定（たとえば「ポイント」を選択)、カラー表示の方法などが設定できる。ほぼ秀丸のときと同じように選ぶ。「TAB/CR マークの表示」をオンにし、「オートインデント」をオフにしておくことも忘れないようにする。【図33】「動作モード」タブでは「インライン変換」と「無限Undo/Redo」をオンにする。「オープン」タブでは「起動時に新規文書を開く」「バイナリファイルの読み込み可」「ファイルクリエータの修正」をオンにする。「ぶら下がり禁則」タブではすべてのラジオボタンをオンにする。

また、同じくMacintosh系の定番エディタYooEdit version 1.71でも「ファイル」メニュー～「環境設定」でいろいろ設定できる。「一般設定」タブで「ウィンドウサイズ情報をファイルにも保存」と「保

図34

存時に作成者とタイプをYooEditに変更」をオンにする。「文書表示設定」では「行の折り返し表示」「タブコードの表示」「改行コードの表示」「行番号表示」をオンにする。【図34】「編集初期設定」で「オートインデント」をオフにする。「書式初期設定」では「禁則処理」をオンにし、「ぶら下がり幅」を2とする、といった具合である。

こうした設定は面倒くさいようであっても、いちど設定してしまえば、ずっと使えるものであり、変更や増設も可能である。ワープロ・ソフトにはまず考えられない自由度こそがテキストエディタの醍醐味であり、この融通無碍さはいちど味わったらこたえられない便利さと快適さを執筆環境として保証してくれるはずである。

4-6　バックアップは絶対必要

パソコンにはしばしばとんでもない不測の事故が起こることがある。突然ハードディスクがおかしくなり、いろいろ試みたがどうにもならず、結局ハードディスクの初期化、もっとひどい場合にはハードディスクの交換などということもある。わたしの場合でもここ三年ほどのあいだに交換と初期化を一度ずつ経験している。こういった場合にOSの再インストールやアプリケーションの再インストール、設定など元の環境に復元するためにはへたをすると何日もかかってしまうことになる。ましてや自分で作成した文書など影も形もなくなってしまう。こうしたいつ起こるかわからない不測の事態にあらかじめ対処するには日常的なバックアップという手段が必要である。一日の終りにはかならずバックアップ処理をするというぐらいの心構えが必要である。

バックアップのためのユーティリティ・ソフトはMacintoshにもWindowsにもいろいろある。インターネット上でいくらでも出まわっている。いずれも軽いソフトなのでダウンロードして使い勝手を試してみるのも悪くないだろう。わたしの例をあげれば、Macintoshなら米国製のsynchronize!にとどめをさすし、WindowsならDiskMirroringTool 32 for BackUpあたりがお奨めだ。Windowsに付属しているMSBackupはどうも使い勝手が悪いように思う。これらのユーティリティは基本的にファイルのタイムスタンプをチェックして古いデータを新しいデータに置き換える（これを「同期」と呼ぶ）だけのことだが、こうしたちょっとした作業が、既述したように、不測の事故から重要な文書を保護することにつながるので馬鹿にしてはいけない。備えあれば憂いなし。この安心感が非常に重要なのである。

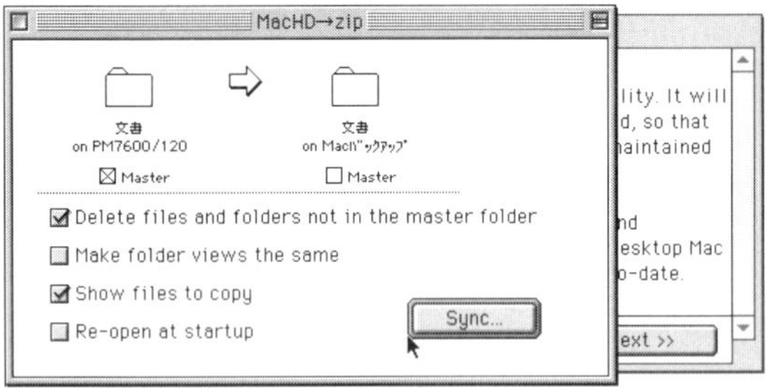

図35

バックアップの基本はパソコンのハードディスクの外部に同じデータを保管するということだ。同じハードディスクのなかにバックアップをしても、このハードディスクにアクセスできなくなってしまえばなんの意味もない。最悪の場合に備えて、いつでもほかのパソコンからアクセスできる環境をつくっておくことが必要である。もっともお手軽なのは、外付けハードディスクとかCD-Rとかzipなど大容量のメディアである。そこにハードディスクと同じ「文書」フォルダをつくっておき、それらを同期させればいいのである。文書フォルダといってもせいぜい数十MBぐらいのことであるし、各種設定ファイルなどのバックアップにしても、なくなっても困らないようなものを別にすると、これもさほどの容量ではない。わたしなど100MBのzip（実際は93MBぐらいだが）でも十分なのである。ノートパソコンならSCSI（*）カードで接続できる外付けハードディスクなど最近は20MBでも2万円台で買えるほどである。

いずれにせよ、こういった外付けのメディアに「文書」フォルダを一度まるごとコピーしてしまえば、あとはそれぞれの「文書」フォルダを同期させる二つの項目として指定したファイルをつくっておき、そのファイルのショートカット（エイリアス）をスタートメニュー（アップルメニュー）に入れておけば、その設定ファイルを簡単に起

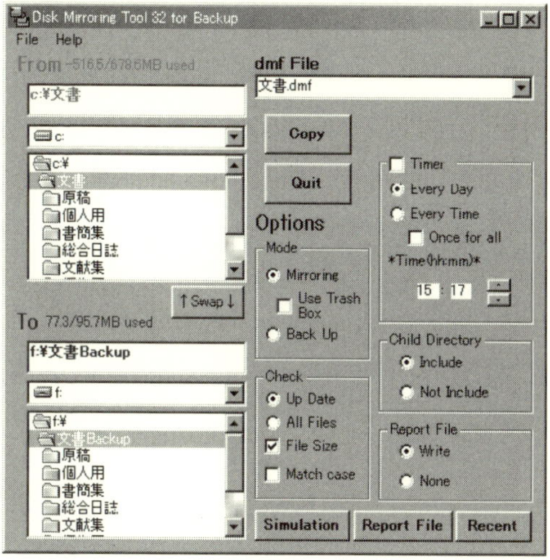

図36

動させることができ、仕事させることができる。一日の最後にかならずこの処理をすれば数秒から十数秒で処理は終わってしまう。これで安心して眠れるというわけだ。【図35】【図36】

さらにもっと徹底しておくなら、各種設定ファイルのバックアップもとっておくことである。Macintosh でいえば「システムフォルダ」の「初期設定」フォルダ、メールフォルダなど。Windows なら「レジストリ」フォルダやメールフォルダ、システムフォルダなどのバックアップをなるべくこまめにやっておくと、システムクラッシュしたときにも環境の復元が比較的簡単になる。

ここで注意しておかなければならないのは、既述したように、バックアップにフロッピーディスクを使うことは禁物だということである。そもそもフロッピーディスクはいまや小容量メディアでしかないので、ファイルの受け渡しぐらいにしか使えない。昔のワープロ時代にはハードディスクの容量などないに等しいものだったから、これでも保存用に使われたものだったが、書き込みも読み込みも遅いし、大きいファイルやフォルダになってしまうと容量が足りないのである。フロッピーディスクを使うときはコピーをするだけという認識をもってもらいたい。

(*) SCSIはSmall Computer System Interfaceの略称でスカジーと読む。外付けハードディスクなどの周辺機器をSCSIケーブルで接続することができ、転送速度は高速。連結して7台まで周辺機器を接続できる。もっとも最近はUSB（Universal Serial Bus）やFireWireなどの新しい規格の接続方法が出現してきたため、やや時代遅れになりつつある。

あとがき

ワープロ専用機からパソコンに切り替えて約6年になる。パソコンを始めたころにはよもやこんな本を書くようになるとは思いもしなかった。そろそろパソコンにしようかと思っているときに、たまたま中古のPower Macintoshを取引先から割安で買う機会があって始めたのがきっかけである。しかし使い始めたらすぐにパソコンなしでは仕事ができなくなってしまい、以後は毎年一台ずつ買い足したり、古くなったマシンを買い換えたりしていまにいたっている。途中からMacintoshだけでは仕事がカバーできなくなり、Windowsでも仕事をするようになった。いまは原稿書きと編集上のテキスト処理のときは主にMacintosh、社内文書等のデータ作成その他の仕事に主にはWindowsといった感じで使い分けている。このかん一日ほぼ10時間ぐらいはパソコンとかかわってきた。たかが数年のキャリアで、テキストファイル関連の比較的簡単なレベルの領域とはいえ、マニュアル本と称する書物を刊行し世に問おうというのはおこがましいのではないか、とさすがに自分でも思っている。

しかしながら、本書を繙いていただければわかるだろうように、ここで述べていることは、日ごろ編集の仕事をつうじて専門書出版にかかわりながら感じている矛盾や無駄を出版社経営という視点と結びつけ、すこしでもいい条件で書物を作れないものかという問題意識から気がついたことをすこしずつ実践してきた結果なのである。出版の原点は著者の原稿だというあまりにも当然な現実を直視してみると、出版のための原稿作成（入力）のための適切なガイドブックがないことにあらためて気がつかざるをえず、そのためもあって原点たるべき著者の原稿があまりにも不適切なものが多いのだということがわかった。そういうこともあって、知り合いの著者を手はじめにいろいろ意見交換をしていくうちから、それなら編集の側からそういうマニュアルを作ったらどうかという意見を言われるようになり、それではということで整理してみたのがこの本である。実際にはここにいたるまでにさまざまな試行錯誤があり、印刷所の現場のオペレーターにもいろいろ相談したり、会合をもってもらったりして小さな現実的な処理上の問題点まで指摘してもらったことによって、実践的に役立つマニュアルのレベルにまでいたっていると思えるようになった。

この2，3年は自分の編集する本はすべてこの技法をひとつずつステップを上がるようなかたちで適用しながらヴァージョンアップをはかってきた。ほぼ九割の仕事は初校責了でクリアーしており、最短では入稿後8日で責了になっている。赤字も300ページ弱の本で2箇所しかなかったというケースもある。平均して20ページに1個ぐらいの赤字（それもゲラになってから著者が入れた赤字が主である）ぐらいの初校の戻りだから、責了になってあたりまえなのである。ともかくこうしたテキスト処理技法の有効性を実践的にたしかめた以上は、できるだけ多くの著者や編集者に共有してもらいたいと念願するようになった。「はじめに」と第1章で書いたことはだいたいそういうことである。

この編集技法を試みだしてまもなくのころから公的に発表しはじめ、「本とコンピュータ」（6号、第1章がほぼそれにあたる）で書かせてもらったり、「本の学校」大山緑陰シンポジウムや丸善のシンポジウムなどでおおいに披瀝させてもらったりしたあげく、昨年春から「週刊読書人」で隔週連載させてもらうことになり（「はじめに」、第2章、第3章がほぼそれにあたる）、本書の格好がついてきたのである。20世紀から21世紀に変わるこの正月休み以降にこれまでの分を読み直して加筆し、さらに残りの部分を書き下ろしてようやく「執筆篇」としてまとめられそうになった。この4月19日からの東京国際ブックフェア2001になんとか間に合わせようという気になって最後は一気に進めることができた。このあとの課題は編集者のための「編集篇」であり、1年後ぐらいには刊行したいと思っている。そうしないと出版界そのものの存在が怪しくなってきているからである。

それから言うまでもないことながら、本書における記述その他に誤りないし疑問点があれば、どしどし指摘してもらいたい。この本はあくまでも出版業界の発展のために書かれたマニュアルであって、できることならば著者や編集者の共有財産としてさらに発展的に使いやすいものに変えていきたいからである。使い勝手の悪いところがあればどんどん改良していくべきであるし、改良してもらってかまわないと思う。新しいOSのLINUXのように知恵を出しあって改良版をつくっていくことにおいて、わたしとしてはいかなるオリジナリティも主張するつもりはない。ただ、せっかくいいアイデアがあれば、わたしにも教えてほしいというだけである。

なお、本書には未來社としては初めての試みであるが、CD-ROMを付録としてつけることになり、これには本書のテキストデータやいくつかの推奨プログラムの圧縮ファイルなど未來社ホームページの「アーカイヴ」に収めてあるファイル類、および未來社ホームページへのハイパーリンクが可能になる目録データが収録されている。これらを小さな名刺カード型35MBのCD-ROMとしているところが業界でも初めての試みとなるはずである。これを東京国際ブックフェア2001でも希望者には配布する計画である。これらをふくめて小社50周年の記念の一環としたいと思っている。

とにかく、いろいろな思いをこめて本書は刊行される。ここまでにいたるには読書人編集部の武秀樹氏、「本とコンピュータ」編集部の河上進氏をはじめ業界の多くの方々のお世話になった。もちろん著者の方たちの励ましのことばも大きな支えとなった。また原稿を読んでもらったり印刷現場の意見を聞かせてもらったりして得るところの大きかった萩原印刷の木村雅巳氏、佐久間隆司氏、精興社青梅工場の矢作昇氏はじめ現場の方たち、さらには直接編集にかかわってもらった編集部の浜田優君、岩崎清君をはじめ小社の社員たちの理解と協力がなければ、この本の実現はなかったかもしれない。最後に、いつも装幀でお世話になっている戸田ツトム氏に、氏のコンピュータを使ったデザイン処理技法を駆使したカバーデザインをいただいたことも本書にとってありがたいかぎりです。みなさまに感謝するとともにお礼申し上げます。

2001年３月８日

西谷能英

［付録1］**編集用日本語表記統一基準 version.1. 1**
（★はママのものもありうるもの→★の付いたものは変換後に確認する）

●ふつうは変換したほうがいいと思われるもの（きりがないので頻度の高いものだけ）
敢えて→あえて
明か→明らか★
辺り→あたり
余り→あまり★
予め→あらかじめ
（在り／有り）方→ありかた
有（り）難（い／き／く）→ありがた（い／き／く）
有（り）難う／ありがとう
有（り）様→ありさま
如何に→いかに
幾らか→いくらか
些か→いささか
頂（い／か／き／く／け／こ）→いただ★（い／か／き／く／け／こ）（例外：本来の動詞の場合）
一応→いちおう
何時→いつ★
一向（に）→いっこう（に）
一切→いっさい★（例外：一切れ）
一緒→いっしょ
一斉→いっせい★
一層→いっそう
一体→いったい★（例外：一体化、一体となる、同一体、など）
一旦→いったん
色々→いろいろ
（の）内（なる／に／の）→（の）うち★（なる／に／の）
於（い）て→おいて
往々→おうおう
大いに→おおいに
概ね→おおむね
於ける→おける
恐らく→おそらく
各々→おのおの
面白（い／か／く）→おもしろ（い／か／く）
及び→および★

拘らず→かかわらず★（例外：「こだわらず」と読む場合）
掛け→かけ★
嘗て→かつて
辛うじて→かろうじて
極めて→きわめて
（た／の／る）位→（た／の／る）くらい★（例外：位相、位置、など）
極く→ごく
（う／た／る）毎→（う／た／るごと★

如（き／く）→ごと（き／く）

早速→さっそく
様々→さまざま
更に→さらに★
然るべき→しかるべき
頻りに→しきりに
従って→したがって★（例外：動詞の場合）
暫く→しばらく
屡々→しばしば
かも知れ（ず／な／ぬ／ま）→かもしれ（ず／な／ぬ／ま）
直ぐ→すぐ

大し（た／て）→たいし★
大体→だいたい★
大抵→たいてい
大分／だいぶ★（例外：大分県、大分市、など）
沢山→たくさん
但し→ただし
直ちに→ただちに
（私／わたし／僕／ぼく／君／きみ／あなた／男／女／彼／彼女）達→たち★
忽ち→たちまち
（う／く／す／た／る）度→たび★（例外：度合い／度数／度量、など）
度々→たびたび
多分→たぶん
（の／る）為→（の／る）ため
因みに→ちなみに
一寸→ちょっと★（例外：一寸法師など）
遂に→ついに
（思い／顔／気が／傷／縛り／突き／投げ／引き／惹き／結び）付（い／か／き／く／け／こ）→（思い／顔／気が／傷／縛り／突き／投げ／引き／惹き／結び）つ（い／か／き／く／け／こ）
（位置／裏／片／価値／気／性格／近／秩序／特徴／根／方向）付（い／か／き／く／け／こ）→（位置／裏／片／価値／気／性格／近／秩序／特徴／根／方向）づ（い／か／き／く／け／こ）
都度→つど
手掛かり→手がかり
出来（ず／た／て／な／ま／よ／れ／る）→でき★（ず／た／て／な／ま／よ／れ／る）（例外：名詞の場合）
到底→とうてい
何処→どこ
途端→とたん
兎に（も）角→とに（も）かく
共に→ともに★

無（い／か／き／く／け／し）→な★（い／か／き／く／け／し）
尚（お）→なお
尚更→なおさら

就中→なかんずく
並びに／ならびに
成（る）程→なるほど
俄（か）→にわか

（る／た／の）筈→（る／た／の）はず
果たして→はたして★（例外：動詞の場合）
遙か→はるか★
普段→ふだん
（い／う／た／の／る／れ／今／先）程→ほど★
殆ど→ほとんど

誠に→まことに★
先ず→まず
益々→ますます
又→また★（例外：柴又）
迄→まで
巡（っ／る／ら）→めぐ★（っ／る／ら）（例外：動詞の場合）
勿論→もちろん
以って→もって
専ら→もっぱら
貰（い／う）→もら★（い／う）（例外：動詞の場合）
諸々→もろもろ

（が／それ／た／の／れ／る）故→（が／それ／た／の／れ／る）ゆえ★（例外：故意、故郷、故人、など）
様（な／に）→よう★（な／に）（例外：多様、同様、など）
漸く→ようやく
分（か）（っ／ら／り／る／れ／ろ）→わか★（っ／ら／り／る／れ／ろ）
解（か）（っ／ら／り／る／れ／ろ）→わか★（っ／ら／り／る／れ／ろ）
僅か→わずか
亘（っ／ら／り／る／れ／ろ）→わた（っ／ら／り／る／れ／ろ）
[特殊事例]
明か→明らか
上記→前記★（縦組の場合）
上掲→前掲★（縦組の場合）
上述→前述★（縦組の場合）
づつ→ずつ★
（長／短／全／続）編→篇
未来社→未來社
文芸春秋→文藝春秋
丸山真男→丸山眞男

●どちらかを選択して使用するもの）
（の／る）間（か／で／に／の／を／、）→（の／る）あいだ★（か／で／に／の／を／、）
宛（て）→あて★
後で→あとで★（例外：最後で、直後で、背後で、前後で、など）

表す→表わす★→あらわす★（例外：発表する、公表する、代表する、など）
現（し／す／れ）→現わ（し／す／れ）→あらわ（し／す／れ）
或（る）いは→あるいは
或る→ある★
行（か／き／く／け／こ／っ）→い★（か／き／く／け／こ／っ）（本来の動詞以外のとき）
依然→いぜん
致（さ／し／す／せ）→いた★（さ／し／す／せ）
至（ら／り／る／れ／ろ／っ）→いた（ら／り／る／れ／ろ／っ）
今→いま★（例外：今朝、今回、今度、今月、など）
（た／の／る）上（で／に／、）→（た／の／る）うえ★（で／に／、）（例外：上下をあらわす場合）
後ろで→うしろで
生れ→生まれ
得（な／る／、）→え★（な／、）→う★（る／、）
置く／おく★（例外：本来の動詞の場合）
行（い／う／え／っ／わ）→行な★（い／う／え／っ／わ）→おこな★（い／う／え／っ／わ）
自ずから→おのずから
折→折り★→おり★

関わ（ら／り／る／れ／ろ／っ）→かかわ（ら／り／る／れ／ろ／っ）
係わ（ら／り／る／れ／ろ／っ）→かかわ（ら／り／る／れ／ろ／っ）
限り→かぎり
難い→がたい
形（で／に／の）→かたち★（で／に／の）
仮（り）に→かりに
来（た／て）→き★（た／て）（本来の動詞以外のとき）
下さ（い／っ／ら／り／る／れ／ろ）→くださ★（い／っ／ら／り／る／れ／ろ）
来る→くる★（本来の動詞以外のとき）
詳し（い／く）→くわし（い／く）
決して→けっして★
来な（い／か／く／け）→こな★（い／か／く／け）（本来の動詞以外のとき）
頃→ころ★→ごろ★

際（に／の／、）→さい★（に／の／、）
実（に／の／は／を）→じつ★（に／の／は／を）（例外：現実に、事実に、忠実に、など）
済（む／ま／ん）→す★（む／ま／ん）
過ぎ（ず／ない）→すぎ★（例外：本来の動詞の場合）
既に→すでに
全て→すべて

（に）対（する／して）→（に）たい★（する／して）
絶えず→たえず
（の）類→（の）たぐい★（例外：類型、類似、類推、類比、など）
例えば→たとえば
単（なる／に）→たん★（例外：簡単、単純、など）

違いな（い／く）→ちがいな★（い／く）（例外：間違いない、など）
続（い／か／き／く／け／こ）→つづ（い／か／き／く／け／こ）
常に→つねに★（例外：非常に、平常に、尋常に、など）
（た／る／の）時（か／が／で／と／に／の／は／ま／も、）→（た／る／の）とき★（か／が／で／と／に／の／は／ま／も、）
時々→時どき→ときどき
特に→とくに★
伴う→伴なう→ともなう

直（さ／し／す／せ／そ／ら／り／る／れ／ろ）→なお★（さ／し／す／せ／そ／ら／り／る／れ／ろ）
（の／る）中（か／で／に／の／へ／を）→（の／る）なか★（か／で／に／の／へ／を）（例外：内部の意味のとき）
何物→何もの
何（だ／て／で／と／の／ら）→なん★（だ／て／で／と／の／ら）
（が、た／の／は／る）後に→（が、た／の／は／る）のちに★

外（さ／し／す／せ／そ／れ）→はず（さ／し／す／せ／そ／れ）
一つ→ひとつ
人々→人びと
一人→ひとり★
風（に／の）→ふう★（に／の）（例外：風に吹かれ）
再び→ふたたび
他なら（ず／な）→外なら（ず／な）→ほかなら★（ず／な）

全く→まったく
見い出（さ／し／す／な）→見出（さ／し／す／な）→みいだ（さ／し／す／な）
見事→みごと
難し（い／か／く／け）→むずかし★（い／か／く／け）
無論→むろん★
目指（さ／し／す／せ）→めざ（さ／し／す／せ）
持（た／ち／つ／っ／て／と）→も★（た／ち／つ／っ／て／と）（例外：本来の動詞の場合）
最も→もっとも★（例外：最大級比較の場合）
（の）下（に／で／、）→もと★（例外：上下をあらわす場合）
基づ（い／か／き／く／け／こ）→もとづ（い／か／き／く／け／こ）

●世紀、年月日の統一
一［〇-九］世紀→十［一-九］世紀
二［〇-一］世紀→二十［一］世紀
［二、三］［〇-九］世紀→［二、三］十［一-九］世紀
（元号+）一［〇-九］年→十［一-九］年
一［〇-二］月→十［一-二］月
一［〇-九］日→十［一-九］日

●人称の統一
私→わたし

我々→われわれ
我が→わが
我等→我ら→われら
君→きみ
彼→かれ

［付録 2］テキスト関連ソフト・ユーティリティのダウンロード先一覧

本書で推奨しているソフトあるいはユーティリティは、本書付録の CD-ROM あるいは未來社ホームページからプログラムの圧縮ファイルを取り出し、解凍したうえでインストールすることができます。また、以下の代表的な Web サイトからも最新ヴァージョンをダウンロードすることができます。（なお、付録の CD-ROM は ISO9660 フォーマットで作成されているので、Windows でも Macintosh でも読むことができます。）

Yahoo! JAPAN　http://www.yahoo.co.jp/
インフォシーク　http://www.infoseek.co.jp/
窓の杜　http://www.forest.impress.co.jp/
Vector　http://www.vector.co.jp/

●謝辞

ここに転載・収録させていただいたそれぞれのプログラムファイルの作者に感謝とともにお礼を申し上げます。シェアウェアご利用の方は作者あてに料金をお支払いください。なお、それぞれのプログラムファイルは以下の作者自身のホームページ等から最新版がダウンロードできます。

● Windows 系

秀丸エディタ Ver. 3. 08（2001/3/2）Win95/98/Me/NT3.51 以上 /2000（Intel）版（テキストエディタ）
http://hidemaru.xaxon.co.jp/
WinLPrt Ver 6. 04. 2（2001/3/14）（印刷用ユーティリティ）
http://www.htosh.com/
DiskMirroringTool32 for BackUp v. 3. 30（バックアップ・ユーティリティ）
http://hp.vector.jp/authors/VA005759/
ToClip for Windows v. 1. 86（2000/11/10）（クリップボード・ユーティリティ）
http://www2s.biglobe.ne.jp/~t-susumu/toclip/
（マニュアル）http://www.lares.dti.ne.jp/~kis/pc/tc/index.html
ClipBase for Windows95 1.67（2001/1/18）（クリップボード・ユーティリティ）
http://www2s.biglobe.ne.jp/~hatena/
Explzh v. 3. 18（2001/3/12）（圧縮・解凍ソフト）
http://village.infoweb.ne.jp/~fwhv5283/
UNLHA32. DLL v. 1. 54a（2001/2/17）（圧縮・解凍用ライブラリ）
http://www2.nsknet.or.jp/~micco/micindex.html
UNZIP32. DLL v. 5. 40（1999/2/11）（圧縮・解凍用ライブラリ）
http://wakusei.cplaza.ne.jp/archiver/

* 秀丸エディタは斉藤秀夫氏作のシェアウェアです。
*WinLPrt は堀田俊哉氏作のシェアウェアです。

*DiskMirroringTool32 for BackUp はＣＳＱ氏のシェアウェアです。
*ToClip for Windows は HATENA 氏のシェアウェアです。
*ClipBase for Windows95 は寺尾進氏のフリーウェアです。
*Explzh は鬼束裕之氏のシェアウェアです。
*UNLHA32. DLL は Micco 氏のフリーウェアです。
*UNZIP32. DLL は庄田隆司氏のフリーウェアです。

● Macintosh 系
Jedit4. 0（フルセット版）4. 0. 51J（テキストエディタ）
Jedit4051J.sea.bin 2. 5M（2001/3/13）
（MacOSX 用は別途ダウンロード。他に Jedit 3. 0 もあり）
http://www.matsumoto.co.jp/
JMultiReplace 1. 0（Rev1. 0. 7）（2001/1/29）（Jedit 補助プログラム）
http://www02.matsumoto.co.jp:80/product/JMultiReplace/
LightWayText for Mac 3. 2. 1（テキストエディタ）
LightWayText_3. 2. 1.sit.bin 1,085K（2000/12/11）
http://homepage1.nifty.com/lightway/
YooEdit (PPC) 1. 71（テキストエディタ）
YE171p.sea.bin 208K（2000/3/10）
http://www2s.biglobe.ne.jp/~yex/

*Jedit, JMultiReplace は株式会社まつもとのシェアウェアです（後者はフリーウェア）。
*LightWayText for Mac は山下道明氏のシェアウェアです。
*YooEdit は田川洋一氏のフリーウェアです。

著者略歴
西谷能英（にしたに・よしひで）
1949年、東京生まれ。
東京大学大学院フランス語フランス文学科修士課程修了。
1976年、未來社入社。編集部を経て1992年より代表取締役。
野沢啓の名で詩集『決意の人』、評論集『移動論』『隠喩的思考』（いずれも思潮社）その他がある。
現在、日本現代詩人会、日本文藝家協会所属。

出版のためのテキスト実践技法／執筆篇

2001年4月20日　初版第一刷発行
2001年5月15日　　　第二刷発行

本体1200円＋税――――定価

西谷能英――――著者

西谷能英――――発行者

株式会社 未來社――――発行所

東京都文京区小石川3－7－2
振替00170-3-87385
電話（03）3814-5521〜4
URL:http://www.miraisha.co.jp/
Email:info@miraisha.co.jp

萩原印刷――――印刷・製本

ISBN 4-624-00021-8　C0000